세 계 를 읽 다

일본

라이나 옹 지음
정해영 옮김

가지 KINDS BOOK

가기 전에 먼저 읽는 인문여행 시리즈

〈세계를 읽다〉에 대하여

한국에 본격적인 세계여행 안내서가 만들어진 것은 1980년대 후반, 해외여행 자유화 조치 바람을 타고 일본 책을 번역 출간한 〈세계를 간다〉(당시 중앙일보사 펴냄) 시리즈가 원조 격이었다. 그 후로 30년 가까이 된 지금, 매우 다양한 세계여행 안내서가 출간되고 있지만 더 세련되고 세분화된 정보서로 거듭났을 뿐 유명 여행지 중심의 관광 정보가 주를 이룬다는 점에서 큰 차별은 없다.

그에 반해 이 시리즈 〈세계를 읽다〉는 장소보다는 사람 그리고 그들의 삶에 초점을 맞춘 본격적인 세계문화 안내서로서, 이방인의 눈에 낯설게 느껴질 수밖에 없는 현지인의 생활문화, 관습과 예법들을 역사적 배경지식과 함께 쉽고 친절하게 알려준다. 첫 출간 후 30여 년이 지난 지금까지도 꾸준히 업데이트되며 세계적인 명성과 권위를 누리고 있는 〈컬처쇼크CultureShock〉 시리즈를 번역한 책이라는 점에서 콘텐츠에 대한 신뢰성도 높다.

컬처쇼크, 즉 '문화충격'이란 익숙한 장소를 떠나 낯선 환경에 던져진 사람이라면 누구나 겪을 수 있는 혼란스러운 상태를 말한다. 이 시리즈는 해외에 거주하거나 일정 기간 머무는 사람들이 새로운 환경에서 겪는 문화충격을 완화하는 데 도움을 주어왔다. 실제로 그 나라에서 살아보며 문화적으로 적응하는 기쁨과 위험을 몸소 체험한 저자들이 그런 혼란스러운 감정에 좀 더 효과적으로 대처하기 위해 필요한 모든 정보를 알려준다. 글은 읽기 쉬운 문체로 쓰였으며, 독자들을 충분한 조언과 암시, 정보로 무장시켜 낯선 곳에서 최대한 정상적이고 즐거운 생활을 영위할 수 있도록 돕는다. 책 안에는 현지 문화와 전통에 관한 통찰력 있는 해설, 적응에 필요한 모든 조언들, 현지인들과 소통할 수 있는 언어 정보, 여행 경험을 더욱 깊숙하게 연마해 줄 방법 등이 포함되어 있다.

목차

교토 기온 거리를 걷고 있는 마이코(어린 기녀)들. 오늘날 게이샤나 마이코는 몇몇 특정 지역에서만 볼 수 있다.

해외 이주나 다른 나라로의 여행을 계획하는 것은 언제나 설레는 일이다. 내 경우, 가끔은 장기 여행을 계획하면서 분비되는 아드레날린의 힘을 빌어서 살아가는 기분도 든다. 하지만 일본으로 이주하거나 여행을 하려면 생각해야 할 것이 무척 많다. 내게 돈이 충분한가? 현금을 가져갈 필요가 있을까, 아니면 신용카드나 현금카드로 충분할까? 날씨는 어떨까? 옷은 얼마나 필요할까? 대중교통을 이용한답시고 헤매다가 주저앉아 울음을 터뜨리지는 않을까?(도쿄의 철도와 지하철 노선도를 본 일이 있는가?) 나를 초대한 사람을 위해 본국에서 가져갈 선물로는 어떤 것이 있을까? 모든 사람에게 기념품을 줄 필요가 있을까? 사람들이 출근할 때 정말로 매일 정장을 입을까? 일본 사람들은 여가 시간에 무엇을 할까?

나 역시 여러 해 전 일본으로 이주하기 전에 이 모든 질문을 품었다. 돌이켜 생각해보면 내가 품었던 많은 질문이 우스운 것들이고 다시 떠올리면 민망해지곤 한다(하지만 따지고 보면 세상에 멍청한 질문이란 없다. 그렇지 않은가?). 일본에서 살게 된 첫해에 내가 몸담은 분야에 대해 나보다 잘 알고 있는 훌륭한 고참들을 얻게 된 것은 나 같은 신참이 새로운 나라로 이주할 때 바랄 수 있는 최선이다. 다행히도 우리는, 내가 겪어야 했던 모든 민망한 상황을 지나고 난 후에도 여전히 가까운 친구 사이이다. 내게 새 직장에 대한 기본을 알려주고 업무시간 후에 친구가 되어준 그들이 없었다면 이처럼 오래 버틸 수 없었을 것이다.

이 책은 100% 포괄적인 일본 정보서라고는 할 수 없지만 일본에서의 생활에 대비할 수 있도록 고참이 신참에게 전하는 예측 가능한 조언들을 담고 있다. 일본에 대해 알아야 할 것이 워낙 많기 때문에 도착 전까지 모든 것을 배우고 완벽하게 준비하기란 불가능하다. 그러니 출근 첫날이나 이자카야(일본식 선술집)에서 첫 식사를 하면서 굴욕감을 느꼈다면 그것이 일본 사람들과 대화를 시작하기에 편리한 화젯거리이며 나중에 친구들에게 들려줄 훌륭한 이야기 소재가 될 것이라는 점을 기억하시라. 적어도 나는 창피한 경험이 점점 쌓여가는 것을 보며 그렇게 받아들였다. 예를 들어 나는 고급 료칸(일본의 전통 여관)의 지배인을 소개받는 자리에 등산복 차림에 짝짝이 슬리퍼와 양말을 신고 나갔다. 그것은 당연히 품격 있는 자리였다. 아마도 그 일이 인상적이었던지, 2년 뒤 다시 그 지배인을 만났을 때 그는 내가 누구인지 바로 기억해냈다.

일본 Japan
중국
러시아
북한
대한민국
동해
북태평양
홋카이도
삿포로
리쿠베쓰
혼슈
센다이
사도가 섬
오키 섬
가나자와
나가노
도쿄
가와사키
요코하마
치바
나고야
교토
고베
오사카
사카이
히로시마
쓰시마 섬
기타규슈
후쿠오카
도쿠시마
시코쿠
벳푸
나가사키
구마모토
규슈
가고시마
필리핀해
동중국해
아마이오시마
오키나와 제도
오키나와

1

첫인상

전통이 분명 창조에 기여할 수 있지만
그 자체만으로 창조적일 수는 없다.

– 단게 겐조, 일본 건축가

일본인에 대한 단상

나는 대학에 다닐 때 일본어를 배우고 종업원이 대부분 일본인인 스시 집에서 일하는 기회를 누렸다. 그래서 일본에 대한 나의 이미지는 어쩌면 조금 왜곡된 것이었을 수 있다. 내가 사귄 일본인 친구들은 하나같이 친절하고 사교적이고 캠핑이나 하이킹 같은 야외활동을 즐겼다. 그들은 신문에서 읽은 '과로에 시달리는 세일즈맨'과는 전혀 달랐다. 나는 늘 일본이 기술적으로 진보하고 진취적인 나라라고 생각해왔다. 그도 그럴 것이 내가 노키아 '벽돌폰'을 고수하고 있을 때 일본인 친구들은 여러 가지 기능이 있는 멋들어진 휴대전화를 가지고 다녔다(여기서 여러분은 내가 성장한 시대를 짐작할 수 있을 것이다).

이후 몇 년이 빠르게 지나갔다. 그리고 대학 졸업 후 일본으로 이주한 해에 내가 갖고 있던 일본인 이미지는 빠르게 깨졌다. 나는 일본 사람들이 어떻게 일하는지 보았고, 아침 출근길에 만원 지하철에 시달려도 봤고(그게 싫어서 나중에는 50km 거리를 자전거로 왕복 출퇴근했다), 아이폰이 처음 출시되면서(그때 이후 또 얼마나 멀리 왔는지) 외국 전화가 일본 전화와 비슷해지는 것도 보았고, 샐러리맨의 전형적인 모습을 직접 목격했으며, 해외에 있을 때 하루가 멀다 하고 보았던 일본인 친구들을 이제는 거의 보지 못했다.

일본은 친구들이 내게 심어주었던 첫인상과는 사뭇 달랐다. 해외여행 경험이 많은 일본인을 포함해 외국에 살고 있는 일본인들은 확실히 현지 사람들과 많이 다르다. 이런 차이는 아마 다른 나라에서도 발견할 수 있을 것이다. 내게 그것은 좋은 배움이었고, 때로는 작은 문제들을 발견하면서 일본에 대한 더 큰 그림에 눈 뜰 수 있게 되었다. 일본에서는 언뜻 보면 많은 것이 비논리적으로 보일 수 있지만 그 모든 것의 뒤편에는 어떤 체계가 있다. 영혼 없이 일하는 인간 로봇이 있는가 하면 일과 생활의 균형을 추구하는 사람도 있다. 기업의 노예처럼 충성하는 사람이 있는가 하면 꿈과 열정을 추구하는 누군가도 있다. 조금 낙관적인 얘기로 들릴 수 있지만, 우리가 책에서 읽고 익히 알고 있다고 생각해온 전형적인 일본의 모습은 더디지만 분명히 변해가고 있다.

이국적인 일본의 이미지로 쉽게 떠올리는 사무라이, 닌자, 게이샤는 그 명성에도 불구하고 지금은 거의 찾아볼 수 없다. 사무라이와 닌자는 더 이상 존재하지 않고(물론 그들의 혈통은 여전히 존재할 수 있다), 게이샤나 마이코(어린 기녀)는 몇몇 특정 지역에서만 볼 수 있다. 교토에서 완벽한 메이크업을 한 게이코(교토 시의 게이샤를 부르는 말)를 처음 보았을 때 내가 느꼈을 흥분을 상상해보시라. 다른 사람들이 열심히 카메라 셔터를 눌러대는 동안 나는 그녀를 빤히 쳐다보며 생각했다. '저 사람이 진짜 게이샤인가?' 마이코는 그보다 자주 볼 수 있지만 그래도 역시 흔한 경험은 아니다. 나는 여전히 실제 닌자를 만날 날을 기대하고 있지만 그때까지 내가 할 수 있는 것은 나의 '닌자 자격증'이 닌자를 만날 비밀의 문을 열어주길 기대하는 것뿐이다.

도쿄 오다이바에 있는 과학미래관(미라이칸)의
닌자 전시관을 방문했을 때 받은 암살 면허.

천천히 익숙해지는 것들

일본을 방문하는 외국인이 극복해야 할 가장 큰 장애는 아마 언어다. 나는 대학에 다닐 때 일본어를 공부했지만 졸업 후에는 거의 잊어버려서 이곳으로 이주한 뒤 처음부터 다시 배웠다. 물론 일본어의 기본을 두 번째 익히니 처음보다야 한결 쉬웠지만 때로는 단어 하나도 이해 못할 낯선 상황에서 쩔쩔맨 경험도 있다. 눈앞에 있는 사람의 입에서 속사포처럼 쏟아져 나오는 말을 하나도 알아들을 수가 없는데 상대방 역시 내

> 한눈에 보아도 동양인처럼 보이지 않는 프랑스인 친구와 함께 식당에 간 적이 있다. 우리는 줄곧 영어로 대화했다. 그런데 젊은 여종업원이 용기를 내어 다가오더니 내게 일본어로 물어보았다. “어디서 그렇게 영어를 배웠죠? 나도 당신처럼 할 수 있으면 좋겠어요.” 나는 그녀가 무슨 말을 하는지 잘 이해하지 못하고 그저 눈만 동그랗게 뜨고 바라보았다. 내 친구는 눈물이 찔끔 나도록 웃고는 “네가 일본인인 줄 알았나봐!” 하고 말했다. 일본에서는 동양인으로 보이는 사람은 당연히 영어를 못한다고 여기는 모양이었다. 그날 그 직원과 나는 아마도 서로 다른 교훈을 얻었을 것이다.

가 전하려는 말을 전혀 이해하지 못한다. 사실은 서로가 지극히 단순한 말을 주고받을 뿐인데 온갖 복잡한 추측과 제스처가 뒤섞인 이상한 게임을 하고 있다는 느낌이 든다. 유창한 일본어 구사력 없이 일본에 가는 한, 당신도 비슷한 경험을 하게 될 것이다. 일본어가 느는 데는 새로운 언어를 배우려는 의지와 시간이 절대적으로 필요하다.

일본어 실력이 거의 전무하다시피 했던 초기에는 물건을 사고 돈을 지불하는 일 자체가 일본으로의 이주를 망설이게 한 요인이었다. 마트 계산대에서 출납원은 바구니에 담긴 물건들을 체크하기 전에 나를 보며 뭐라고 말을 쏟아냈다. 내가 계산대까지 오기 전에 바구니에서 물건을 미리 꺼내지 않았다고 질책한 것일까? 하지만 출납원은 내 앞 손님에게도 똑같이 했다. 그렇다면 인사말을 건네거나 쿠폰이 있는지 물어본 걸까? 어쨌거나 나는 구매할 물건 값을 현금으로 내놓았는데 그는 더 많은 말을 쏟아냈다. 내가 낸 지폐 단위가 너무 커서 작은 단위로 다시 달라는 얘기인지, 아니면 출납원에게 현금을 직접 내면 안 된다는 것인지 고민스러웠다. 내가 원한 것은 그저 생수 한 병뿐인데 이 모든 불확실성을 감내해야 하는 걸까? 그래도 일본에 정착한 첫 주부터 많은 물건을 구입한 덕에 금세 능숙하게 계산대에 설 수 있게 되었다. 그렇게 된 내가 내심 자랑스럽고, 영문도 모른 채 계산대에서 난감한 상황을 겪고 있는 외국인을 볼 때면 저절로 입가에 미소가 번진다.

일본에서는 패션이 또한 중요하다. 이곳에 오기 전에 일본인들이 얼마나 옷을 잘 입는지에 대해 많은 이야기를 들었다. 게다가 내가 근무하는 학교의 복장 규정에 관한 지침은 그저 '정장'이라고 적혀 있었다. 나는 대학을 갓 졸업했고 이전에 다른 사무실에서 근무한 경험이 없다. 과연 정장이란 무엇을 의미하는가? 평소에 신는 샌들 대신 구두를 신어야 한다는 말인가? 아니면 정장 바지나 정장 치마를 말하는 것일까? 정말 여름에도 매일 이렇게 입어야 한다는 것일까? 주중에 다림질을 하느라 많은 시간을 허비하고 싶은 생각은 없었다. 결론을 말하자면, 나는 처음 몇 주 동안은 정장을 입었지만 이후에는 거의 입지 않았다. 알고 보니 우리 학교는 정장을 그리 좋아하지도 않았고, 체육 교사도 아닌데 운동복 차림으로 생활하는 것처럼 보이는 교사도 제법 있었다.

사람들은 일본인 대부분이 외출할 때 옷을 잘 갖춰 입고 계절과 장소에 맞게 옷을 입는다고 조언한다. 그렇다면 해변에 갈 때의 복장은 어떠한가? 해변용 반바지와 하와이언 셔츠 그리고 샌들이다. 시내 쇼핑을 나갈 때는? 청바지나 면바지 같은 캐주얼 바지에 셔츠와 신발을 신는다. 밤늦게 지역의 마트나 편의점에 갈 때는? 파자마나 운동복에 슬리퍼 차림도 괜찮다. 이렇게 입고 가도 직원들은 당황하지 않고 아무렇지 않은 얼굴로 당신을 대할 것이다.

일본에 오기 전에 나를 어리둥절하게 만든 또 한 가지는 주소였다. 번지수만 있고 도로명이 없는 주소로 사람들은 어떻게 자신이 사는 곳을 알 수 있는가? 번지수 말고는 아무것도 없는 주소지를 어떻게 찾아갈까? 그러나 어떻게든 시스템은 작동하고 있으며 나는 거기에 익숙해졌다. 일본에서 사람들이 길을 알려줄 때 쓰는 표현은 주로 이런 식이다. "엉뚱한 곳에 있는 것처럼 보인다면 아마도 제대로 장소를 찾은 거예요." "길을 잘못 든 것처럼 보이는 쪽으로 오세요." 또는 "오래된 집과 이상해 보이는 가게 사이에 있는 작은 골목이에요." 그렇

일본 주소는 도로명이 없고 번지수만 갖고도 집을 찾을 수 있는 시스템이다.

지만 너무 걱정할 것은 없다. 시내에서는 건물과 상점 같은 주요 지형지물이 길 찾기에 자주 이용되기 때문에 완전히 오리무중에 빠지지는 않는다. 지내다 보니 나는 이런 식의 방향 표현이 더 이해하기 쉽다는 것을 알게 되었다.

2

일본이라는 나라

후지산을 한 번도 오르지 않은 사람은 바보다.
하지만 두 번 오른 사람도 바보다.

– 일본 속담

지리

일본은 남쪽으로는 태평양, 북쪽으로는 우리 동해 사이에 끼어 있는 섬들로 이루어진 동아시아 국가다. 일본 열도를 구성하는 4개의 주요 섬—혼슈, 홋카이도, 규슈, 시코쿠와 수많은 작은 섬들이 가늘고 긴 지형을 이루며 그 최남단에 열대 군도인 오키나와가 있다. 내륙은 산악 지형이고 해안 주변은 대체로 저지대다. 기후는 지역에 따라 온대에서 열대에 걸쳐 있다.

홋카이도와 도호쿠 지방 같은 북부 지역은 겨울에 극도로 추운 경향이 있다. 홋카이도의 리쿠베쓰는 겨울 평균기온이 영하 20℃까지 내려가며 스스로 일본에서 가장 추운 지역이라고 홍보한다. 내가 볼 때 이는 다른 지역들이 부러워할 만한

일본 북부 홋카이도에서는 펭귄도 볼 수 있다.

장점이다.

북쪽이 가장 낮은 기온을 기록하고 있으니 당연히 여름에 가장 더운 곳은 오키나와라고 생각하기 쉽다. 그런데 여름에 가장 높은 온도를 기록하는 곳은 사실 혼슈 주도에 속해 있으며(도쿄에서 약 1000km나 떨어진 오가사와라 제도를 말한다.=역주) 최고기온이 40~41℃ 수준이다. 의외로 오키나와의 여름 기온은 35℃ 이상으로는 거의 올라가지 않아서 일본 다른 지역의 고온다습한 여름 기후를 탈출하려는 사람들이 홋카이도 대안으로 많이 찾는다.

지형과 자연재해

일본은 이토이가와-시즈오카 구조선에서 만나 국토를 동서로 나누는 유라시아 판과 북아메리카 판, 필리핀 판과 태평양 판, 이렇게 4개의 지질구조판 위에 위치해 있다. 수백만 년 전 환태평양 화산대에 위치한 이 지질구조판들이 이동해 내륙에 산이 생기고 화산이 형성되었다. '불의 고리'라고 불리는 환태평양 화산대에 위치했다는 것은 일본이 화산 분출과 지진에 매우 취약하다는 의미이기도 하다.

일본에는 가고시마 현의 사쿠라지마 화산과 가나가와 현의 하코네 산, 구마모토 시의 아소 산을 비롯해 지속적으로 연기를 뿜어내는 약 50개의 활화산과 작은 분화구가 있다. 이 중 37개는 면밀히 감시되고 있으며 기상청이 자체 관측 시스템에 따라 경고 단계를 매긴다. 가장 낮은 수준인 1단계는 분화 위험은 없지만 활화산임을 주의해 본인 책임 하에 입산이 가능하며, 가장 높은 5단계는 즉시 안전한 곳으로 대피해야 한

규슈 구마모토 시에 있는 아소 산. 지금도 활동이 왕성한 활화산 중 하나다.

다. 최근에 일본에서 발생한 화산 폭발 중 가장 치명적인 사례는 2014년 9월 27일에 발생해 58명이 사망하고 5명이 실종된 나고야의 온타케 화산 폭발이었다. 폭발 당시 온타케 화산은 경고 1단계여서 사람들은 아무런 대비도 없이 속수무책으로 피해를 당했다.

지진과 진동이 거의 매일 일어나는 일본에서는 지진이 날 때 발생하는 에너지 양을 기준으로 그 규모를 측정하는 모멘트, 리히터 같은 일반 척도와는 다른 자체적인 지진 측정 척도를 가지고 있다. 진도震度(일본어로는 신도)라고 부르는 이 척도는 지진의 영향을 받는 지역에서 사람들이 직접 느낄 수 있는 강도를 나타내는데, 진원지에서 가까울수록 수치가 크고 멀수록 수치가 작아지는 게 일반적이다. 가장 약한 강도인 0부터 7단계까지 있으며, 진도 3은 대부분 사람이 잘 느끼지 못하는 반면 진도 7의 진동은 건물의 붕괴까지 초래할 수 있다. 지진은 또한 쓰나미를 동반해 해안 도시를 파괴하기도 하기 때문에 지진 보고와 함께 종종 쓰나미 위험 경보가 발표된다.

1995년 1월 17일, 규모 7.3의 대형 지진이 일본 서부를 강타했다. '한신 대지진'으로 알려진 이 지진에서 진도 7의 매우 강한 진동이 인구 밀집 도시인 고베와 인근에 있는 아와지 섬을 강타했다. 현대 일본을 강타해 수많은 가옥의 붕괴와 화재

● 일본 기상청에 따른 진도 척도

<table>
<tr><th>진도</th><th>설명</th></tr>
<tr><td>0</td><td>사람들이 느낄 수 없고 지진 측정 도구로만 알 수 있는 수준.</td></tr>
<tr><td>1</td><td>실내에 앉아 있는 사람 중 일부가 느끼거나 마치 지나가는 트럭이 덜컹거리는 것처럼 느껴지는 수준.</td></tr>
<tr><td>2</td><td>실내에 있는 많은 사람이 약간의 진동을 느끼고 벽에 매달린 장식품이나 조명이 살짝 흔들리는 수준. 어떤 이들은 현기증으로 오인할 수 있다.</td></tr>
<tr><td>3</td><td>실내에 있는 대부분 사람이 진동을 느끼고, 실외에 있는 이들 중에도 일부가 뭔가를 느낄 수 있는 수준. 진동 때문에 찬장과 서랍의 물건이 덜그럭거릴 수 있다.</td></tr>
<tr><td>4</td><td>사람들이 명확하게 지진으로 인식하는 수준. 실외에서 걷는 사람도 진동을 느낄 수 있다. 진동 때문에 찬장과 서랍의 물건이 덜그럭거린다.</td></tr>
<tr><td>5약</td><td>대부분 사람이 공포감을 느끼고 뭔가를 붙잡아야 할 필요를 느끼는 수준. 진동으로 선반에서 물건이 떨어지고 가구가 움직일 수 있다.</td></tr>
<tr><td>5강</td><td>대부분 사람이 뭔가를 붙잡지 않고는 걷기가 힘들다. 선반에서 떨어지는 물건이 많아진다. 텔레비전 같은 큰 물건이나 기타 가구가 넘어질 수 있다.</td></tr>
<tr><td>6약</td><td>서 있기가 힘들다. 가구가 움직이고 넘어질 수 있다. 진동의 압력으로 인해 타일과 유리가 깨질 수 있다.</td></tr>
<tr><td>6강</td><td rowspan="2">서 있기가 불가능하며 기어서 움직여야 하는 수준. 가구가 분명하게 움직이고 넘어지면서 타일과 유리가 깨질 가능성이 크다. 보강하지 않은 벽돌은 빠질 수 있다. 최악의 경우 건물 기반이 훼손되어 붕괴할 수 있다.</td></tr>
<tr><td>7</td></tr>
</table>

등의 광범위한 피해를 일으킨 대지진 중 하나였다. 단 하루만에 6000명이 목숨을 잃었다. 현재 일본에서 이루어지고 있는 몇몇 재난 대응 정책과 주택 건설 및 기반시설 마련은 한신 대지진의 결과물이라고 할 수 있다. 지금은 시설물을 지을 때 특정 수준의 내진성을 갖추는 것이 의무이며, 화재 발생 가능성을 줄이기 위해 특정 규모의 진동에서 가스와 전기를 차단하는 자동 회로차단 장치가 일반 가정에까지 보급되었다. 겨울에 열흘간 열리는 빛 축제인 고베 루미나리에는 이 재난을 기리고 지역민들의 사기를 북돋기 위해 1995년 12월에 시작되어 오늘날 수많은 관광객을 끌어들이는 인기 축제로 성장했다.

최근에 일본을 강타한 큰 지진으로는 2011년의 도호쿠 지진과 후속적으로 발생한 쓰나미를 말하지 않을 수 없다. 규모 9.0, 진도 7을 기록한 이 지진은 수많은 목숨을 앗아가고 시와 촌 전체를 파괴하는 대참사를 일으켰다. 지진의 여파를 홋카이도에서부터 규슈까지 일본 열도 전역에서 느낄 수 있을 정도였으며, 진원지와 인접한 간토 지방을 비롯해 도호쿠 지역의 여러 도시는 최소 진도 5 이상을 기록했다. 피해가 심했던 지역은 재난 후 5년이 넘도록 복구공사 중이며 사람들은 여전히 임시 거처에서 생활하고 있다. 정부는 후쿠시마 다이치 원자력발전소의 문제를 해결하려고 여전히 고심 중이다.

2016년 4월에는 규모 7.3, 진도 7의 지진이 구마모토 현을 강타했다. 최초의 지진 후 며칠 동안 수차례의 강력한 여진이 뒤따랐다. 지진으로 많은 사람이 죽고 가옥이 파괴되고 도로에 금이 가고 산사태가 일어났다. 그뿐 아니라 뒤이은 여진으로 기반시설이 약해진 데 대한 두려움으로 많은 주민이 대피하고 많은 가정에서 수돗물이나 가스 공급이 끊겼다. 주요 문

쓰나미

쓰나미는 육지로 밀려오는 거대한 파도를 말하는데 주로 지진에 의해 발생한다. 2011년 도호쿠 지진 이후 발생한 쓰나미는 몇몇 지역에서 무려 39m에 이르는 높은 파도를 일으켰고 파도가 휩쓸고 지나간 자리마다 모든 것을 파괴했다. 집 전체가 붕괴되고 전신주가 쓰러지고 차와 사람들을 집어삼켰다.

해안에서 물이 물러나며 해저면의 일부가 드러나면 쓰나미가 임박했다는 신호이며, 해변에 있을 때 그런 상황이 발생하면 파도가 돌아오기 전에 신속하게 높은 곳으로 피해야 한다.

해안에서 시작된 지진은 쓰나미를 일으키는 경향이 있으니 해안가 사람들은 항상 경계 태세를 갖추고 TV나 라디오를 켜서 상황을 주시해야 한다. 부음성(sub-audio) 채널이 있는 TV를 가진 사람들을 위해 NHK에서 영어, 중국어, 한국어로 비상 상황에 대한 보도를 한다. 아니면 일본 기상청 웹사이트(www.jma.go.jp)와 NHK 월드 웹사이트(www3.nhk.or.jp/nhkworld)에서 영어로 된 최신 정보를 찾을 수 있다.

쓰나미 경고 사이렌은 주로 다음과 같은 패턴을 따른다.

① 2011년 도호쿠 지진 때 발생한 것과 같은 규모의 대형 쓰나미가 밀려올 경우, 3초 정도의 긴 사이렌이 울린 후 2초 정도 쉬었다가 세 번 반복된다.

② 비교적 큰 쓰나미의 경우, 5초 정도의 긴 사이렌이 울리고 2초 쉬었다가 두 번 반복된다.

화재인 구마모토 성과 아소 신사가 크게 훼손되어 재건 공사를 시작했지만 복구에 시간이 걸릴 것으로 보인다.

자연과 야생

일본에는 인간에게 위험한 야생동물이 많지 않다. 곰은 등산객들에게 가장 큰 위협이지만 딸랑거리는 소리로 쉽게 피할 수 있어 거의 모든 등산객이 배낭에 종을 매달고 다닌다. 두 개씩 달고 다니는 사람도 있다. 홋카이도 지방은 다른 곳에 비해 위험한 편이며 유네스코 세계유산으로 지정된 시레토코 반도에서는 관광객이 곰에 대한 안전수칙을 들은 뒤에 야생보호구역에 들어갈 수 있다. 오키나와에서 자생하는 하브(반시뱀)라는 독사는 천적인 몽구스에 의해 통제되어 여행자들은 야생에서보다 아와모리(오키나와의 전통 증류주) 술병에 담겨진 하브를 볼 가능성이 더 많다. 이런 위험한 동물보다는 원숭이, 사슴, 새, 곤충들을 많이 볼 수 있다.

일본은 사시사철 다양한 꽃이 피어 관광객의 발길을 끈다. 계절에 따라 벚꽃, 라벤더, 등나무 꽃, 해바라기 등이 멋진 풍광을 만들어내며 꽃뿐 아니라 가을철 단풍 구경도 현지인과 관광객 모두에게 인기가 높다.

계절

일본에는 사계절이 있다. 그러나 좀 더 정확히 말하면 고대 일본 달력에는 72절후가 있으며 각 절후가 5일 정도씩 지속된다. 각 절후를 대표하는 와가시わがし(일본 전통 화과자)도 있다.

봄은 새로운 학기가 시작되는 계절이자 벚꽃(사쿠라)의 계절이다. 많은 지역의 사람들이 벚꽃을 새로운 시작과 결부시킨다. 졸업식은 벚꽃이 피기 직전에 열리고 벚꽃이 필 무렵 새 학기가 시작된다. 봄은 소풍과 '하나미はなみ 파티'라고 하는 벚꽃놀이의 계절이기도 하다. 하나미 파티는 아주 중요한 행사여서 사람들이 명당을 잡기 위해 동틀 무렵부터 공원으로 몰려든다. 이때는 아침부터 술을 마셔도 아무도 이상하게 생각하지 않는다. 음식점과 식품 제조업체들이 벚꽃 맛이 나거나 벚꽃을 테마로 한 제품을 만들어 팔기 때문에 적어도 하나쯤

벚꽃 철에 공원에서 하나미
파티를 즐기는 사람들.

은 먹거나 마시게 될 것이다.

선선한 봄이 물러나면서 여름이 찾아온다. 모두들 여름철은 바비큐와 축제, 휴가의 계절임을 안다. 인기 있는 여름 축제(마츠리)로는 아키타 시의 간토 마츠리, 아오모리 시의 네부타 마츠리, 센다이 시의 타나바타 마츠리, 교토 시의 기온 마츠리, 도쿠시마의 아와오도리 등이 있다. 축제를 보려고 전국 각지에서 몰려온 사람들 때문에 숙박 시설이 한참 전부터 매진되는 경우가 많다. 여름은 또한 불꽃 축제로 인기 있는 시기이며 상점에서 휴대용 폭죽을 살 수 있다. 여름방학은 보통 7월 하순에 시작해 9월 초까지 이어진다. 여행 절정기는 오본 기간인 8월 중순 무렵으로, 이때는 전통적으로 많은 사람이 고향으로 돌아가 조상을 기린다. 요즘은 이 시기에 고향에 가는 대신 여행하는 것도 유행이어서 숙박비와 항공료가 턱없이 비싸지곤 한다.

뜨겁고 습하던 공기가 시원하고 쾌청해지면서 찾아오는 가을은 문자 그대로 상쾌한 산들바람 같다. 단풍(코요)을 보러 가는 등산객들에게 인기 있는 계절이다. 단풍철은 시원한 북부(주로 홋카이도)에서부터 시작되어 점점 남쪽으로 내려간다. 산간과 전원에서 가장 멋진 단풍을 감상할 수 있지만 도시에서도 단풍을 즐기기에 모자람이 없다.

마지막으로 낮이 짧고 밤이 길어지는 겨울이 온다. 홋카이도를 제외하면 일본 가정은 거의 단열을 하지 않는다. 혹시라도 '종이 상자' 같은 집에서 살게 된다면 차라리 실외가 실내보다 따뜻할지도 모른다. 홋카이도와 도호쿠 같은 북부 지방은 대부분 눈이 높이 쌓여서 눈을 좋아하는 사람들에게 거대한 놀이터가 된다. 겨울을 즐길 수 있는 또 한 가지 방법은 두

일본의 행정구역

홋카이도

1 홋카이도

도호쿠 지방

2 아오모리 현
3 이와테 현
4 미야기 현
5 아키타 현
6 야마가타 현
7 후쿠시마 현

간토 지방

8 이바라키 현
9 도치기 현
10 군마 현
11 사이타마 현
12 지바 현
13 도쿄 도
14 가나가와 현

주부 지방

15 니가타 현
16 도야마 현
17 이시카와 현
18 후쿠이 현
19 야마나시 현
20 나가노 현
21 기후 현
22 시즈오카 현
23 아이치 현

간사이 지방

24 미에 현
25 시가 현
26 교토 부
27 오사카 부
28 효고 현
29 나라 현
30 와카야마 현

주고쿠 지방

31 돗토리 현
32 시마네 현
33 오카야마 현
34 히로시마 현
35 야마구치 현

시코쿠

36 도쿠시마 현
37 가가와 현
38 에히메 현
39 고치 현

규슈/오키나와

40 후쿠오카 현
41 사가 현
42 나가사키 현
43 구마모토 현
44 오이타 현
45 미야자키 현
46 가고시마 현
47 오키나와 현

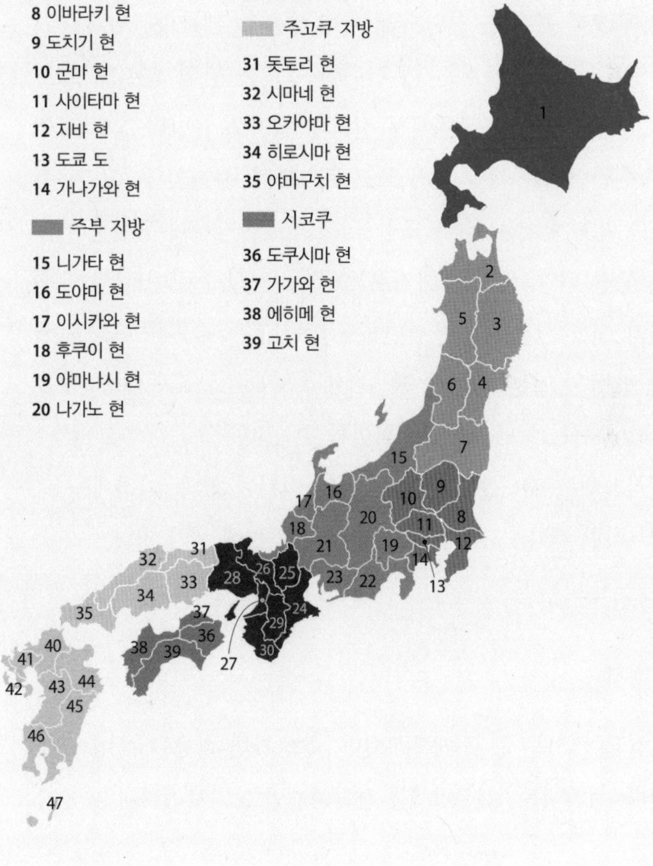

꺼운 외투를 입고 사람들로 빽빽한 난방이 잘 된 기차를 타는 것이다.

행정구역

오늘날 일본의 행정구역은 47개의 도도부현으로 이루어져 있다. 43개의 현縣과 1도都(도쿄 도), 1도道(홋카이도 도), 2부府(오사카 부, 교토 부)가 그것이다. 각각의 도도부현은 다시 시와 군으로 나뉜다. 군과 규모가 작은 시는 다시 정과 촌으로 나뉘고, 규모가 큰 시는 일단 구로 나뉜 다음 더 세분화된다.

일본어 주소 쓰기는 큰 단위에서 작은 단위 순서로 쓰는데, 이를테면 도도부현에서 시작해 번지로 끝난다. 일반적으로 우편번호를 제일 먼저 쓰고 도도부현, 시, 군, 구, 그 외 주소(동네, 단지, 건물, 아파트 호수 등) 그리고 마지막에 수신자 이름을 쓰면 된다. 한편, 로마자로 쓸 경우 순서가 반대로 되어 수신자 이름부터 쓰고 우편번호로 끝난다. 국제우편 주소를 쓰는 방법은 일본 우체국 웹사이트(www.post.japanpost.jp/int/use/writing/normal_en.html)에서 확인할 수 있다.

시간대는 하나뿐이며 일광 절약 시간이 없다. 여름에는 오전 4시면 해가 뜨고 겨울에는 오후 5시 전에 해가 진다.

역사

일본 역사는 길고 매혹적이며 그에 관한 많은 기록이 존재한다. 여기서는 일본 역사를 간략하게만 살펴보겠다.

초기 문화

일본인이 어디에서 왔는지에 대해 인류학적 권위를 가지고 말할 수 있는 인물은 아직까지 없다. 혹자는 일본인이 중앙아시아의 몽고인과 먼 친척 관계라고 믿는다. 또 혹자는 일본인이 동남아시아나 폴리네시아 사람들과 관련이 있다고 생각한다. 어쨌거나 시간이 흐르면서 환태평양 여러 지역의 다양한 민족과 문화가 결합되었을 것으로 보인다. 일본 최초의 토착민은 석기시대 중기(기원전 10000~3000년)까지 기원이 거슬러 올라가는 유목민족, 조몬 족이었다. 이후 벼를 경작하고 토기를 만들고 철기와 청동기를 제작한 청동기 및 철기시대 민족인 야요이 족(기원전 300년~서기 300년)이 일본에 와서 정착했다.

중국의 영향

중국 앞바다에 위치한 작은 섬나라인 일본은 불가피하게 중국의 영향을 크게 받았다. 당시 중국은 이미 세계적인 제국의 반열에 오른 반면 일본은 막 문명이 싹트기 시작했다. 이 시대에 여행자와 공식 파견단들이 두 나라를 오가며 불교와 중국의 기술과 달력을 일본에 전했다.

일본에 미친 중국의 영향력은 이들이 간지(한자)를 여전히 사용하고 있다는 사실뿐 아니라 양국이 공유하는 요리법, 예술, 역사에서도 잘 드러난다. 첨단 기술의 시대인 21세기에도 두 나라 사이에는 여전히 서로에 대한 존경심과 동시에 강한 불신도 남아 있어서 좀처럼 해결되지 않는 불편한 역학 관계가 조성되고 있다.

내전

그로부터 몇 세기가 지나 일본인들은 피비린내 나는 일련의 내전에 휘말렸다. 기본적으로 알아야 할 것은 일본 고전 예술이 꽃을 피운 헤이안 시대(서기 794~1185년) 이후 이 나라는 야심찬 지도자와 가문들로 인해 격동기에 접어들었다는 사실이다. 1195년에 장수인 미나모토 노 요리토모는 고토바 천황을 무시하고 가마쿠라에 군사 정부를 세웠다. 천황은 결국 그를 최고 군사지도자인 쇼군으로 인정했다. 그러나 1333년 무렵 귀족 가문과 궁중이 편을 바꿔가며 지속적인 권력 투쟁을 벌임에 따라 일본은 영구적인 충돌에 휘말린 것처럼 보인다. 배신과 폭력이 난무했고, 농노들이 억압적인 영주에 대항해 봉기를 일으키면서 계급간의 충돌도 발생했다.

1274년 몽고 제국의 지도자 쿠빌라이 칸이 일본 침략을 시도하면서 전설적인 사건이 발생했다. 이때 태풍이 불어 많은 몽고 군함이 파괴되고 침략자들은 익사했다. 7년 뒤 몽고는 2차 침략을 시도했으나 이번에도 '신성한 바람'(가미카제)이 몽고군의 함대를 침몰시켰다.

일본 내전 후반부에는 유럽인이 규슈에 도착했다. 스페인과 포르투갈 사람들 그리고 나중에 네덜란드인들이 나가사키를 중심으로 일본인과의 교역을 시작했다. 그들은 총기와 기독교를 들여왔다. 실용적인 일본인은 종교를 거부했지만 무기는 받아들였다. 나중에 도쿠가와 이에야스 쇼군은 기독교를 권력에 대한 위협으로 보고 기독교 활동을 전면 금지했으며, 이와 함께 외국인 축출과 사실상 서양과의 교역 중단이 이어지면서 일본은 거의 고립의 시대로 들어갔다.

도쿠가와와 에도 시대

도쿠가와와 그 계승자들이 권력을 잡으면서 일본은 에도 시대로 접어들었다. 이후 몇 세기에 걸쳐서 실권은 서서히 일본의 무사 계급에서 상인 계급으로 넘어갔다. 일본에서 미술, 문학, 극예술이 확대되는 동시에 도시화가 이루어진 시기다. 그러나 여전히 쇼군이 사람들에게 강력한 통제력을 행사했기 때문에 정치적으로는 큰 변화가 없었다.

1853년 미국의 매튜 C. 페리 제독이 일본을 개항시키는 임무를 띠고 유명한 흑선 함대, 즉 검은 배들을 이끌고 에도 만에 도착했다. 이후 15년에 걸쳐 도쿠가와 막부는 휘청거리다가 몰락했다. 이때 개혁적 성향의 사람들이 젊은 메이지 천황을 중심으로 결집해 천황 혈통을 구심점으로 한 국가적 변혁을 단행하고 일본을 서양에 대적할 만큼 강하게 만들었다. 이렇게 일본의 근대가 시작된다.

메이지 유신

메이지의 통치 기간 동안 일본 지도자들은 일본이 전통을 버리고 서구적 방식을 모방해야 한다고 뜻을 모았다. 봉건 제도가 폐지되고, 국가적 차원의 군대가 창설되고, 철도가 부설되고, 헌법이 제정되었다. 정당들이 우후죽순처럼 생겨났고 경제 지도자들이 디플레이션 정책을 추구해 경기 과열에 대한 강한 통제력을 행사했다.

이 시대에 제1차 청일전쟁(1894~1995년)과 러일전쟁(1904~1905년)이라는 두 건의 큰 전쟁이 있었다. 전자에서 일본은 승리를 거두었고, 후자에서도 서양 열강을 패배시켜 세계를 놀라게 했다(이 전쟁은 일본이 러시아의 포트 아서 기지를 기습 공격하면서 시작되었는데 일부 영국 신문은 이를 대담한 행보라며 칭찬했다). 그리고 이 전쟁의 결과 중 하나가 1910년 한일병합이었다.

다이쇼 데모크라시

1920년대와 1930년대 초는 다이쇼 천황의 통치 기간과 대충 시기가 겹치는 다이쇼 데모크라시로 알려져 있다. 이 시기에 여성이 직업을 가질 기회가 열리고, 젊은이들이 연애결혼을 하기 시작했으며, 서구식 옷차림과 오락이 평범한 사람들의 삶 속에 스며들었다. 그러나 소비 문화와 과시 풍조에 불만을 품는 사람이 많아지고 일본이 다른 나라의 보호주의적 이민 및 경제 대책에 좌절감을 느낌에 따라 우익 집단들이 강력한 통제력을 행사하기 시작했다. 총리와 자유주의적 지도자들이 연속으로 암살당하고 군이 문민정부보다 더 큰 통제력을 행사했다.

제2차 세계대전

1931년 일본은 중국을 공격해 만주에 만주국이라는 괴뢰국을 세웠다. 1937년 일본군이 베이징 근처 마르코폴로 다리에서 중국 수비대와 충돌한 뒤 중국과의 전쟁이 커졌다. 이후 벌어진 충돌에서 일본군은 효과적인 전투력을 입증했으나 끝도 없어 보이는 중국의 인력과 영토로 인해 전쟁을 쉽게 끝내지 못했다. 게다가 미국이 중국에 대한 강한 지지를 표명하면서 일본으로의 전쟁 물자 공급을 거부했다. 적대적인 미국에 맞서 1941년 일본은 마닐라와 말레이(현재의 말레이시아와 싱가포르), 홍콩, 괌, 웨이크 섬, 하와이의 진주만에 대한 공격을 감행해 모두 성공했다.

일본은 필리핀 군도를 획득함으로써 마침내 이익을 확보했지만 그 이상의 진전을 이룰 수 없었다. 마침내 연합군이 역공에 들어가 1945년 무렵 거의 매일 일본에 폭격을 가했다. 그중 가장 유명한 사건은 히로시마와 나가사키에 대한 원자폭탄 투하다.

쇼와 천황은 전쟁 초반의 성공과 전망에 현혹되어서인지, 아니면 원로들의 기세에 눌려서인지 전쟁을 지지했지만 막바지에는 마침내 고통 받는 백성들의 목소리에 귀 기울였다. 정부가 항복 문제로 막다른 골목에 다다랐음을 깨달은 천황은 전통을 깨고 정부에 자신의 의견을 제시하며 일본이 즉시 전쟁을 포기해야 한다고 말했다. 1945년 8월 15일, 그는 국영 라디오 연설에서 신민들에게 견디기 힘든 어려움을 안고 패배를 받아들일 것을 요청했다.

히로시마에 남아 있는 전쟁의 상흔. 제2차 세계대전 때 원자폭탄이 투하된 곳이다.

연합군 점령기

미국 맥아더 장군의 지휘로 연합군의 일본 점령이 이루어졌다. 일본을 민주적 사회로 만들기로 작정한 맥아더는 전쟁 이전의 기업들을 해체하고, 대대적인 토지 개혁을 시작하고, 일본의 교전권을 영구적으로 인정하지 않는다는 내용을 포함한 전후 평화헌법을 직접 제정했다.

전쟁으로 경제적 타격을 입은 일본은 능력과 결의가 넘치는 노동력 외에는 거의 맨손으로 모든 것을 다시 시작해야 했다. 부분적으로는 세계적인 냉전 환경이 패전국인 일본에 대한 미국의 계획에 영향을 미쳤기 때문에 전후 몇 년 간 일본은 정치적으로 진보와 퇴보 사이를 오락가락했다. 처음에는 여성 인권이 극적으로 개선되고 노동조합이 생기는 등 평화적이고 평등주의적인 사회가 건설되는 것처럼 보였다. 그러나 미국은 곧 일본이 주변 국가들을 침략할 위험성보다는 극동 지역에서 자국의 지원군이 될 수 있다는 가능성에 관심을 갖기 시작했다. 이런 상황을 틈타 보수적인 자본가 세력이 좌파로부터 정부 통제권을 빼앗기 시작하더니 오늘날까지 권력을 유지하고 있다.

경제 소생

연합군 점령은 1952년에 끝났다. 평화헌법을 통해 국방에 대한 재정적 부담에서 자유로워진 일본은 오로지 경제 성장에만 집중할 수 있었다. 이후 일본은 급속한 성장을 이루어 세계 2위의 경제 대국이 된다. 1960년대에 일본 카메라, 자동차, 오토바이가 해외 시장을 점유하기 시작해 1970년대에는 점유율이 크게 확대되는 것은 물론 조선, 전자제품, 내구재까지 대열에 합류했다. 다른 나라의 경쟁 업체들은 줄어들거나 아예 사라져버렸다. 1970년대가 끝날 무렵에는 일본이 1인자로 떠올랐다. 그리고 그것은 서구 사회와의 끝없는 교역 마찰의 신호탄이었다.

유럽과 미국의 협상가들은 일본의 경제적 공세를 막을 수 없었다. 우선 일본은 해외에 더 많은 생산 시설을 짓기 시작해 수출과 관련한 문제를 아예 피해버렸다. 둘째, 해외에서 돈을 번 일본 기업들은 엔화로 환전하는 것을 자제해 엔화의 평가절상 압력이 가속화되는 것을 막았다. 여기에 일본은행의 신용 완화까지 가세하자 일본 국민들은 원하는 것을 사기에 충분한 돈을 구할 수 있게 되었다. 더 좋은 물건에 대한 요구가 커지면서 유명 디자이너 제품이 호황을 누렸고 해외여행을 가는 일본인이 증가하기 시작했다. 다른 나라 상인들은 일본인 관광객만 상대해도 부자가 될 수 있다는 것을 알게 되었다. 한편 주주들에게 배당금을 지불할 부담이 없는 주식 시장은 1989년까지 상승해 닛케이 평균 지수가 3만 8915.87에 이르렀다.

그러나 이런 호황은 오래 가지 않았다. 2002년 10월 닛케이 지수가 8200선 이하로 떨어졌다. 10여 년 새 나라의 자산이 거의 80%나 증발한 셈이다.

잃어버린 10년

거품이 빠지면서 일본 경제는 만성적인 침체 상태에 빠졌다. 1995년까지 엔화가 급속하게 평가절상되어 잠시지만 1달러에 80엔 수준까지 올라가서 일본의 수출이 크게 타격을 입었다. 많은 해외 투자가 실패했고, 기업들은 1980년대의 쉬운 대출에 현혹되어 반짝이는 미끼에 과도한 비용을 지불했다는 사실을 갑자기 깨달았다.

아시아의 다른 국가들, 특히 중국은 일본의 경제 모델을 따르기 시작했는데 낮은 비용 덕분에 스승보다 나은 성과를 올렸다. 10년 전에 널리 칭송받던 일본의 경영 방식은 갑자기 너무 거추장스럽고 비용이 큰 것으로 인식되었다. 출산율 저하는 세금 기반을 위협하기 시작했고, 고령자 증가는 안 그래도 적자 상태인 의료보건 제도에 압력을 더했다. 정치 지도자들이 어려운 선택을 제대로 해낼 능력이 없었기 때문에 재정 적자가 GDP의 150%까지 치솟았다. 부풀어 오른 공공 부채로 일본의 신용등급은 세계에서 가장 불안한 수준까지 추락했다.

계속되는 경기 침체는 사람들에게 큰 타격을 주었다. 젊은 이들은 대학을 졸업해도 취업을 하지 못해 부모에게 의지해야 했다. 많은 기업이 구조조정을 단행해 직원들을 정리했다. 가계 소득이 떨어지고 많은 가정이 생계를 유지하기 위한 필사적인 시도로 고리대금에 의지했다. 범죄율이 증가하고 자살률도 치솟았다. 어떻게 해도 상황이 나아지지 않을 것이라는 일본인 특유의 우울감이 만연했다.

2005년부터는 다시 안정된 경기 회복세를 보여 오늘날 일본 경제는 명목 GDP 기준으로 세계 3위 수준이다. 그러나 일본은 여전히 인구 감소로 인한 상당한 어려움에 직면해 있고 공공 부채도 걱정스러울 만큼 많다.

정부와 정치

오늘날 일본은 의원내각제 국가이며 국회는 양원제다. 참의원은 상원에, 중의원은 하원에 해당한다. 영국에서와 마찬가지로 중의원의 권한이 더 강하다. 양원 모두에 대해 적어도 4년에 한 번씩은 선거가 있다. 15명의 최고 재판관이 이끄는 독립적인 사법 체계를 갖추고 있다.

정부 수반은 총리이며, 보통의 경우 총리가 여당 지도자이기도 하다. 총리는 내각을 구성하는 각 부처의 장관을 임명한다. 그러나 실용적인 이유로 각 부처에서 권한이 가장 큰 사람은 해당 부서의 최상급 공무원인 차관이다.

정치권력은 중앙정부와 지방정부가 공유하도록 되어 있다. 그러나 중앙정부가 경제권을 쥐고 있기 때문에 전국의 경제 발전에 영향을 미칠 수 있다. 2011년 도호쿠 재난을 예로 들어 보자. 정부는 예산의 일부만 피해 지역 재건에 할당하고 어마어마한 액수를 후쿠시마에 있는 제1원자력발전소 문제를 처리하는 데 할당했다.

정당

전후 일본에서 대부분의 기간 동안 여당은 자유민주당(자민당)이었다. 철학적으로 자민당은 전쟁 이전의 경영 지도자들이 떠난 자리를 대신했는데, 1930년대에는 자민당의 대안 세력이 군국주의자들이었다는 점을 고려할 때 당시로는 자민당 지도자들이 상대적으로 자유주의적인 편이었다.

38년 동안(1955~1993년) 자민당은 계속해서 일본의 여당 자리를 굳건히 지켰다. 이 정당은 재계를 비롯한 보수층의 지지를 호소하며 그들에게 유리한 정당 체계를 마련했다. 자민당은 오늘날 일본의 다른 대형 정당들과 마찬가지로 단일한 세력이라기보다는 권력을 위해 서로 경쟁하는 파벌들의 집합체에 가깝다. 교대로 권력을 잡을 수 있으니 그나마 일본에서는 나름 공정하다고 해야 할까? 어쨌거나 모든 파벌은 각자 자신들의 총리 후보를 지지할 수 있다.

전후 일본 초기에는 사회당이라는 강력한 야당이 있었다. 몇 해 동안은 사회당이 정권을 잡기도 했지만 자민당이 오래 집권할수록 경제적 혜택이 커지자 사회당은 이류 정당으로 추락했다. 사회당은 언제든 정부를 공격할 준비는 되어 있지만 자신들에게 정부 조직을 맡겨야 한다고 대다수 유권자를 설득하지 못했다.

공산당은 국가적 결정에 큰 영향을 미치지 못하지만 많은 사람의 공감을 얻고 있다. 냉전이 종식된 후 사람들이 공산당을 자민당에 만연한 부패에 단호하게 대항하려는 집단으로 인식하면서 세력이 더욱 커졌다.

점차 화석화되어 가는 자민당에 대한 대중의 불만이 쌓이면서 1993년 자민당은 중의원 총선에서 패배해 집권에 실패했다. 사키가케라는 신당을 중심으로 조직된 야당 연합은 전 자민당 소속이었던 호소카와 모리히토를 총리로 선택했다. 그러나 변화의 요구는 좌절되고 만다. 자민당은 정권을 잃었지만 구성원 개개인이 여전히 관료주의에 큰 영향력을 행사하고 있었다. 많은 고위 관료들이 자민당과 일하는 것을 편하게 여겼고 개혁을 막으려 했다.

게다가 광범위한 연정은 어떤 사안에든 합의를 이루어내기가 본질적으로 힘들기 마련이어서 결국 자민당은 주요 정적인 사회당과의 악마의 거래를 통해 이듬해 다시 집권에 성공한다. 그리고 이런 이상한 정치적 연합은 자민당이 다음 선거에서 단독으로 정권을 되찾으면서 끝난다. 그때부터 권력에 눈이 먼 변절자로 낙인찍힌 사회당은 의미 없는 정당으로 전락해버렸다.

고이즈미 준이치로의 지도력 하에 자민당은 과거의 영향력을 되찾음과 동시에 일본이 경제적 경쟁력을 유지하려면 대대적 개혁이 필요하다는 사실에 직면했다. 그러나 2006년 9월 고이즈미가 떠난 후 존재감 없는 총리들이 잇달아 선출되면서 2008년 중의원 총선에서는 민주당에 역사적 참패를 당한다.

많은 민주당 지도자가 한때 자민당 소속이었지만 정권 교체 과정은 순탄치 않았다. 주된 이유 중 하나는 새로운 총리인 하토야마 유키오가 미군의 오키나와 주둔 문제를 둘러싼 갈등을 미국 정부와도, 오키나와 주민들과도 제대로 풀지 못했기 때문이다. 그는 1년도 못 되어 일본 정치계의 거물 오자와 이치로와를 이기고 민주당 대표로 당선된 간 나오토에게 총리 자리를 내주었다. 그러나 도호쿠 지진 이후 간 나오토의 지도력 역시 도마에 올라 같은 민주당의 노다 요시히코가 자리를 이어받았다.

2012년 노다 요시히코 총리는 자민당 후보인 아베 신조에게 낙선한 뒤 패배의 책임을 지고 민주당 대표직을 사임했다. 이후 아베는 일본 총리로 재임해 2014년 투표에서도 총리 자리를 지켜낸다. 2006년과 2007년 사이의 짧은 임기를 포함해 아베는 5년간 재임한 고이즈미 총리 이후 16년 만에 가장 오래 재임한 총리가 되었다.

총리로서 아베의 야심 중 하나는 일본이 세계 강대국이 될 수 있도록 평화헌법을 개정해 군사력을 회복하는 것이다. 2016년 선거에서 거둔 승리로 아베의 자민당은 그가 추구하는 헌법 개정을 통과시킬 수 있는 과반수 의석을 확보했다. 아

© Ned Snowman

일본 주택가 골목에 나붙은 선거 포스터. 전후 일본에서 대부분 기간을 자민당이 집권했다.

베가 구체적으로 평화헌법의 어느 조항을 개정하려는지, 또 그것이 국회를 통과할지는 아직 불투명하다.

황실

일본 황실은 세계에서 가장 오래 이어진 왕조로 이야기된다. 황실은 국가수반으로 여겨지지만 1946년 이래로 정부 조직과는 아무 관계가 없다.

지금의 천황은 아키히토이며 그의 통치 기간을 일본에서는 헤이세이 시대라고 부른다. 대외적으로 아키히토는 다정하고 겸손한 인물로 보인다. 그의 아내 미치코는 귀족 가문 출신이 아닌 최초의 황후이며 테니스를 치다가 천황과 만난 것으로 유명하다. 그들은 학생들을 만나고 벼를 심거나 공개 행사를 주재하는 등의 공식 행사에 참석한다.

아키히토 천황의 장남인 나루히토 황태자는 외교관 출신인 마사코 황태자비와 결혼했다. 1993년 결혼 이후 그녀가 영국의 고 다이애나 황태자비처럼 솔직하게 할 말을 다하는 인도주의자가 될 것이라는 기대가 있었으나 공식석상에 좀처럼 모습을 드러내지 않아 많은 사람을 실망시켰다. 최근에는 그녀가 황실 생활에 적응하지 못한다는 이야기가 들리고 있으며, 외동딸 아이코 외에 왕위를 계승할 아들을 낳지 못해 언론 매체로부터 비판을 받고 있다. 여기에 자극을 받아 나루히토의 동생 부부는 딸 둘을 낳은 지 12년 만에 아들을 갖게 되었다.

2016년 8월에 천황은 좀처럼 출연하지 않던 텔레비전에 출연해 자신의 건강을 언급하며 할 수 있을 때 역할을 넘겨주고픈 희망을 이야기했다. 현행 헌법에는 천황의 양위를 허용하는 조항이 없기 때문에 이를 위해서는 법 개정이 필요하며 의회의 승인을 받아야 한다. 여론조사에서는 많은 사람이 천황의 나이를 생각해 하야를 지지하는 것으로 나타났다.

양위 문제와 함께 그간 남성들에게만 계승되던 왕위를 여성에게도 계승하는 문제가 제기되었다. 보수주의자들은 이런 변화를 허용하도록 헌법을 개정하는 것은 전통을 깨는 행위이며 천황 제도에 용납할 수 없는 불안정성을 가져올 것이라고 주장한다. 과연 보수주의자들이다.

종교

일본의 토속 종교는 자연에 존재하는 모든 것에 영혼 또는 신이 깃들어 있다고 믿는 신도神道, しんとう라고 하는 민간 종교다. 신도는 공식적인 교리나 철학이 뒷받침하고 있다기보다 우리 앞에 존재하는 자연과 사물에 대한 존경이며, 그들이 우리를 보호하는 것에 감사하고 계속해서 가호를 베풀어주기를 기도하는 것이다. 신도의 신들은 신사에 모셔져 기리는데 '이세 신궁'이라고도 알려진 이세 신사가 일본 최대의 신사다. 대부분 사람이 이세 신사를 말할 때 나이쿠內宮, ないくう와 게쿠外宮, げくう, 이 두 주요 신사를 일컫는다. 내궁인 나이쿠는 빛을 반사하는 원을 상징으로 한 일본의 창조신, 아마테라스(태양신)에 바쳐진 신사다. 외궁인 게쿠는 의식주를 관장하는 신, 토요우케에게 바쳐진 신사다. 많은 일본인이 평생에 적어도 한 번 이상은 두 신사에 참배한다.

또 하나의 주요 신도 신사는 이세 신궁보다 역사가 더 오래된 것으로 보이는 시마네 현의 이즈모 대사다. 음력 10월에 전국의 모든 신들이 이즈모 대사에서 모여 회합을 연다고 전해져 많은 사람이 기도를 올리러 간다.

일본인은 또한 불교를 많이 믿는다. 6세기에 대승불교가 일본에 전파되었고 여러 세기를 거치면서 위세가 커져 여러 종파로 갈라졌다. 오늘날 가장 잘 알려진 일본 불교의 형태는 반半정치적 종교 단체인 창가학회와 선불교다.

일본에서 신도와 불교는 서로 뒤얽힌 긴 역사를 가지고 있으며 두 종교가 분리된 것은 불과 몇 백 년 전이다. 오늘날도 신도 신사와 불교의 절은 아주 비슷하게 보여 종종 헷갈린다. 중요한 힌트는 이것이다. 입구에 도리이(다리가 두 개인 큰 아치)가 서 있다면 그것은 신도 신사다. 그리고 출입구에 무섭게 생긴 조각상이 있다면 그것은 불교의 절이다.

신사에 방문하는 사람은 제일 먼저 신사 앞에 있는 샘에

• 나이쿠와 게쿠 신궁의 주지는 다름 아닌 천황 자신이다. 천황의 혈통은 2500년 이상 거슬러 올라가는데 태양신 아마테라스의 후손이라고 이야기된다. 천황이 신이라고 믿는 사람들이 아직도 존재하지만 현 천황의 아버지인 히로히토(쇼와) 천황은 제2차 세계대전 이후 스스로 신성을 부정했다.

시마네 현에 있는 이즈모 대사. 신도에서 모시는 모든 신들이 모여
회합을 여는 장소로 알려져 있다.

도쿄 메이지 신궁의 도리이. 도리이는 불교의 절이 아닌 신도의 신사임을 알리는 상징물이다.

서 손과 입을 씻음으로써 몸을 정갈히 한다. 그런 다음 공물을 바치고 징을 울리고 두 번 절을 한 뒤 손뼉을 두 번 치고 한 번 더 절을 한다.

외부인의 눈에는 일본 종교가 조금 생소해 보일 것이다. 가장 분명한 차이는 일본에서는 불교도인 동시에 신도교도가 되거나, 원하는 어떤 종교라도 동시에 갖는 것이 전적으로 허용된다는 것이다. 언젠가 한 친구가 자신은 여러 종교에서 특정한 부분을 선택해 따른다고 말했다. 그것이 그를 더 종교적으로 만드는 것일까? 나로서는 잘 모르겠다. 예를 들어 많은 일본인이 결혼식은 신사에서 하고 장례식 때는 불교 의식을 행한다. 물론 요즘은 서구적인 경향을 따라 흰색 웨딩드레스를 입은 신부가 처녀의 길을 걸어가고 흰색 턱시도 차림의 신랑이 길 끝에서 그녀를 기다리는 '화이트 웨딩'이 젊은이들 사이에서 더욱 인기를 끌고 있지만 말이다.

3

일본 사람들

그냥 거기 있는 것만으로도 당신은 주변 공간을 환하게 합니다.
그냥 거기 있는 것만으로도 당신은 모두를 편안하게 합니다.
나는 당신을 닮고 싶습니다.

– 아이다 미츠오, 서예가이자 시인

일본에 도착해서 제일 처음 만나게 되는 사람은 공항에 있는 출입국 관리소 직원들이다. 그들은 미소도 짓지 않고 말없이 효율적이며 일본어 외에 다른 언어를 사용하지 않는 것으로 보인다. 당신은 오래지 않아 수속을 마치고 수하물이 나오기를 기다리게 될 것이다. 일본인 직원들은 정말 과묵하다. 잡담을 하지 않고 자기 할 일만 한다. 어떤 면에서 그것은 일하기에 매우 적합하고 시간낭비가 없는 방식이다.

공항에서는 모든 것이 질서정연하게 정돈되어 원하는 것을 찾기 쉽고, 무료 와이파이도 제공되니 비행기에서 내리자마자 소셜미디어를 업데이트할 수 있다. 시내로 가는 버스와 전철 타는 곳을 알려주는 표지판도 있다. 버스와 전철 직원들은 외국인과 의사소통을 하고 문제를 처리할 만큼의 영어를 한다. 그때까지는 길을 찾기가 그리 어렵지 않아 당신은 모든 것을 잘하고 있다는 생각이 들 것이다. 그러나 일단 시내로 진입하면 주변에 온통 에너지가 넘치고 모든 것이 빠르게 돌아간다. 사람들은 훨씬 빨리 걷고 모두들 자신이 가는 곳을 알고 있는 반면, 당신은 어쩔 줄 모르고 익숙한 뭔가를 찾고 있는데 아무것도 나타나지 않는다. 그런데 이곳 사람들은 에스컬레이터에서 왼쪽에 설까, 아니면 오른쪽에 설까? 오사카에서는 오른쪽이고 다른 모든 곳에서는 왼쪽이다.

어떤 이는 일본의 사무실 직원들이 마치 인간 드론 같다고 생각할지 모른다. 날마다 똑같은 일을 반복하고 똑같은 일상을 살아가고, 상자 밖 세상을 생각할 여유도 의지도 없이 임무 완수를 위해 정해진 절차만을 따르는 드론 말이다. 한번은 일본이 변화를 빠르게 실행할 잠재력을 가졌지만 단지 없는 것은 위험을 감수하고 결정을 내릴 의지가 있는 한 명의 지도자뿐이라고 말하는 친구를 보았다. 일단 변화의 윤곽을 그리는 절차가 결정되면 일본이 그 과정을 채택하는 데는 그리 오랜 시간이 걸리지 않는다. 사람들이 거리로 뛰쳐나와 변화에 반대하거나 다양한 문제에 대해 시위를 벌이는 다른 나라들과 달리 대부분의 근로자는 그저 결정을 받아들이고 자기 할 일을 할 뿐이다. 결정에 동의하지 않는 이들도 말없는 소수로 남아 언제나처럼 묵묵히 자기 일만 하는 경향이 있다. 내집단內集團에 남으려면 다른 의견을 표현할 여지가 없어 보인다.

내집단과 외집단

일본 문화에서는 '우리 대 세상'이라는 개념이 매우 강하다. 가끔은 모범생 대 괴짜라는 학창시절의 구도가 연상된다. 다만 이 경우에는 일본 인구 전체가 모범생으로 내집단에 적응하려는 경향이 강한데, 이런 환경에서 외국인은 외부인으로서 게임을 시작해야 한다. 외국인을 뜻하는 '가이코쿠진'(外国人)은 '가이'(밖)라는 단어를 포함하고 있다.

내집단과 외집단의 개념은 비단 현지인과 외국인의 구분에 국한되지 않는다. 그 개념은 견고하지만 그 사람이 어디에 있느냐, 누구냐에 따라 끊임없이 달라지기도 하다. '우리'가 아닌 '그들'은 회사의 고객일 수도, 가족의 손님일 수도, 다른 또래집단에 속한 아이일 수도 있다. '우리'와 '그들'의 구분은 또한 행동 방식과 사용하는 언어로 표현되기도 한다.

그렇다고 외국인이 아무리 갈망해도 내집단에 진입하지 못한다는 말은 아니다. 다만 진입로를 찾는 데 시간이 걸리며 결단력과 노력이 필요한 경우가 많다. 일본에서 집단의 일원이 된다는 것은 순응을 뜻하는데, 이는 일본인은 능하지만 대부분의 외국인은 꺼리는 태도다. 내집단에서는 개인인 당신이 어떻게 집단에 기여할 수 있는지가 아니라 당신이 집단에 어떻게 섞일 수 있는지가 관건이다. 다른 한편으로는 같은 이유로 일본인이 외국의 내집단에 동화되는 것 또한 어려울 수 있다. 뭉쳐야 산다는 식의 이러한 문화에 일면 수긍이 가기도 하지만 대다수가 너무 튈까 두려워 침묵을 지키는 사회의 모습이 외국인 눈에는 좀 이상해 보일 것이다.

그러나 최근 몇 년간, 특히 2011년 도호쿠 지진 이후 원자력 반대 시위의 횟수로 판단해보건데, 확실히 사람들이 전보다는 솔직해지고 소신을 위해 싸울 준비가 된 것처럼 보인다.

세 도시 이야기

어느 나라에나 대도시들 간에는 약간의 경쟁 관계가 있기 마련이다. 예를 들어 한번은 어떤 사람이 내게 누구나 멜버른과 시드니를 똑같이 좋아할 수는 없으며 어느 한 쪽을 더 좋아하기 마련이라고 말한 적이 있다(내 경우는 아직 결정하지 못했다. 어떤 때는 멜버른이 더 좋고 어떤 날은 시드니가 더 좋다. 그러나 굳이 골라야 한다면 호바트를 선택할 것 같다).

도쿄, 오사카, 교토의 경우도 마찬가지다. 도쿄 사람들은 조금 쌀쌀맞은 반면 오사카 사람들은 따뜻하고 친절하다고들 말한다. 도쿄 시민들은 자기 일에만 신경을 쓰는 반면 오사카 시민들은 주변에서 벌어지는 일에 호기심이 많은 편이다. 오사카 사람들은 직설적이고 도쿄 사람들은 에둘러 말하는 편이다. 많은 면에서 이 도시들이 어떻게 발전해 왔는지가 사람들의 태도에 영향을 미쳤을 것이다. 오사카는 상인이 많은 상업지구여서 사람들이 다소 느긋하고 상대를 즐겁게 하는 방법을 안다. 반면에 도쿄는 오랫동안 수도이자 경제 중심지여서 궁중의 격식과 행동이 여전히 많이 남아 있다. 언어에 대해 말하자면 오사카 방언은 있지만 도쿄 방언은 곧 일본 표준어다.

예술과 우아함의 중심지인 교토는 오사카나 도쿄와는 사뭇 다르게 발전해왔다. 교토의 방언은 무척 복잡한 언어 구조를 가지고 있다. 도쿄 시민들은 에둘러 말하기는 해도 무슨 말을 하려는지 감을 잡을 수 있는 반면, 교토에서는 화자의 의도는 그렇지 않은데 당신을 칭찬하고 있다고 오해하기에 딱 좋다. 말 속에 빈정거림이 숨어 있어도 파악하기 힘들다. 이는 교토어의 고급스럽고 간접적인 구조 때문인데, 정확한 의미를 해독하려면 약간의 두뇌 회전이 필요해 보인다. 교토 사람들은 오사카 사람들처럼 투박하지 않으며 항상 격조와 품위를 지키는 편이다.

이 세 도시 사람들에 대해 굳이 과장된 묘사를 해보자면 오사카 사람은 다소 투박하지만 즐기는 법을 아는 반면, 도쿄 사람은 조금 비싸도 새로 나온 제품과 서비스를 좋아하는 약간은 샌님 같은 이미지고, 교토 사람은 점잖고 지나치게 정중하며 고상한 취향을 갖고 있다고 말할 수 있다.

세 도시의 이런 차이점에도 불구하고 각 도시 출신자들과 상호작용하는 방식은 개인의 성격과 배경에 크게 의존한다.

하지만 대체로 오사카 사람들과는 빠르게 친해지는 반면, 도쿄 사람들은 마음을 열 때까지 시간이 좀 걸리는 편이다.

한번은 내가 친구 두 명과 함께 교토와 인접한 오사카 북부에 사는 또 다른 친구의 집에 방문하기 위해 기차표를 사놓고 시간이 남아서 오사카 역 근처의 대형 전자상가 밖에서 오가는 사람들을 구경한 적이 있다. 친구 중 한 명이 우리가 그동안 들어온 가설을 시험할 아이디어를 냈다. 오사카에서 손가락으로 총을 쏘는 시늉을 하거나 칼로 목을 베는 시늉을 하면 상대가 그런 공격에 적절한 반응을 보이고 어쩌면 장단을 맞춰줄 것이라는 가설이었다. 우리는 교대로 보도 한가운데에 서서 무작위로 사람들에게 그런 식으로 반응을 유도했다. 사실 그 가설이 진실이라고 누가 생각했겠는가! 그런데 어린아이에서부터 나이 지긋한 아주머니에 이르기까지 모두들 다양한 반응을 보이며 이 작은 게임에 동참했다. 어떤 대학생 커플은 즐거웠다면서 음료와 간식을 사오기도 했다. 오사카에서나 가능한 일이다. 도쿄나 교토에서는 어림도 없다.

예의범절과 위계질서

그렇다. 일본인들은 지나칠 만큼 예의바른 경향이 있다. 때로는 그들의 말이나 행동이 사실은 빈정거림이거나 그냥 마지못해 하는 것인지 구분하기 힘들 때도 있다. 일본어에는 존경어와 겸양어, 정중어가 있는데 마음만 먹으면 이런 말들을 조합해 누군가를 정중하게 모욕하는 것이 가능하다. 존경어와 정중어는 종종 외집단 사람들을 향해 사용되며 겸양어는 상대편에게 자신을 낮추어 묘사할 때 쓴다.

일본 사람들은 평생 이런 용어를 구사해왔기 때문에 상황에 맞게 세 가지 경어의 형태를 오가는 것이 자연스럽다. 사람들 간의 대화를 주의 깊게 들어보면 사용하는 언어에 따라 두 화자 간의 관계, 그리고 화자가 상대를 자신의 사회집단에서 어느 위치로 인식하는지(즉, 내집단에 속했다고 인식하는지 외집단에 속했다고 인식하는지) 짐작할 수 있다.

비단 언어뿐 아니라 몸짓과 행동도 사회적 관계에 대한 단서를 제공한다. 일본 문화에서 위계질서는 여전히 크게 중시된다. 업무상 모임이 있는 식당에 가장 먼저 도착할 경우, 나머지 사람들이 도착하기 전에 아무 생각 없이 편하게 자리를 잡고 앉거나 음료를 주문하지 않는 게 좋다. 대부분 모임은 이미 자리 배치가 정해진 경우가 많아서 사람들은 일행이 모두 도착할 때까지 서성이며 기다리는 편이다. 행사가 있을 때는 주로 주빈이 가운데 자리이자 서열이 가장 높은 사람의 바로 옆이나 근처에 앉는다. 가장 어리거나 서열이 낮은 사람은 문가에 앉아 심부름꾼 역할을 하는 경향이 있다.

외국인에 대한 태도

일본만큼 금발의 백인 모델들이 인쇄 매체와 대중 매체 광고에 도배되는 나라가 또 있을까? 많은 광고에서 미란다 커와 토미 리 존스, 조지 클루니와 스칼렛 요한슨을 쉽게 볼 수 있다. 외모가 출중한 외국인들은 언제나 환영받는다. 스펙트럼의 다른 쪽 끝에는 식당이나 간병직 등에 종사하는 저임금 외국인 노동자들이 있으며, 이런 사람들이 현지인의 일자리를 빼앗는다는 이야기도 돈다.

프랑스인 친구와 식당에 간 적이 있다. 나는 당시 일어가 서툴렀고 그 친구는 일어를 능숙하게 구사했다. 친구가 우리 둘의 메뉴를 주문했는데 종업원은 친구에게 눈을 맞추지 않고 내용도 이해하지 못하는 게 분명한 내게 주문을 다시 확인했다. 나는 무례한 행동이라고 생각했지만 친구는 늘 있는 일이라며 대수롭지 않게 말했다.

내게는 캐나다에 사는 일본계 캐나다인 친구가 있다. 일본 친척들이 그의 집을 방문했을 때 슈퍼마켓에 진열된 다양한 식품을 보고 놀라며 이렇게 말했다고 한다. "이것 좀 봐. 슈퍼마켓에 이렇게나 외국 식품이 많다니!" 내 친구는 당혹스러운 눈으로 친척들을 보며 말했다. "이건 외국 식품이 아니에요. 현지 식품이죠. 여기서는 여러분이 외국인이잖아요."

여성

일본은 전형적인 가부장적 사회임에도, 내가 보기에는 여성이 은근히 주도권을 쥐고 있는 것 같다. 일본에서는 여성이 가계 지출을 결정하고 자녀의 양육을 담당하고 가족이 일상적으로 필요로 하는 일들을 처리한다. 자녀들은 어머니 말에 귀 기울이는 법을 배우고 늘 어머니를 보며 상호작용하기 때문에 어머니와 가까워지는 경향이 있다. 남편은 아내에게 월급을 맡기고 학교에 다닐 때처럼 용돈을 받아서 쓴다.

반면에 여성들의 사회 기여에도 불구하고 그들은 여전히 결혼 전 성을 법적으로 사용할 권리를 쟁취하기 위해 싸우고 있다. 여성들이 선택에 따라 남편 성을 따를 수도, 결혼 전 성을 유지할 수도 있는 대부분의 서양 국가와 달리 일본의 법은 부부가 동일한 성을 쓰도록 규정하고 있다.

많은 회사에서 내부적으로 그런 규정을 완화해 기혼 여성이

© Benny Marty

기모노나 유타카를 대여해 입고 주변을 관광하는 것은 외국인들에게 인기 있는 놀이이다.

직장에서 결혼 전 성을 쓰도록 허용하고 있다. 그러나 공공 부문은 이런 면에서 민간을 따라가지 못한다. 여성이 결혼 전 성을 사용하는 것은 어디까지나 비공식적인 환경에 국한되며 공식 문서나 보고서에는 결혼으로 얻은 성을 사용해야 한다. 일본에서는 어째서 이것이 큰 문제가 되는 걸까? 이는 여성이 누군가의 아내가 아닌 자신의 정체성을 유지할 권리를 갖는 문제이다. 여성은 자신이 어떻게 불릴지에 대해 스스로 결정할 수 있어야 하며 법 때문에 선택권을 박탈당해서는 안 된다.

일본 사회가 현대화되어 직장에서 일하는 젊은 여성이 늘어남에 따라 기업들은 여성이 자신을 위해 지출하는 비용이 점차 늘어나는 경향을 인식하게 되었다. 이에 여성을 목표로 한 마케팅과 광고가 급증했는데, 명사에 '조시'(여자) 또는 '가루(걸)'라는 단어를 붙인 조어들이 증가한 것도 그런 현상을 반영한다. 예를 들어 다음과 같은 용어들이 있다.

- **야마-가루**山-ガール: 최신 등산복을 차려입고 등산을 다니는 여성
- **카메라-조시**カメラ-じょし: 주로 목에 카메라를 걸고 다니는, 사진에 관심이 많은 여성
- **쓰리-가루**釣り-ガール: 낚시를 좋아하는 여성
- **테츠코**鐵子, てつこ: 열차광인 여성. 일본에서 철도 동호인을 일컫는 테츠(쇠돌이를 의미함)의 여성형이다.
- **레키조**歷女, レキジョ : 역사에 열광하는 여성(특히 사무라이를 다룬 드라마나 게임 등에 열광하는 여성)

남성

일본의 샐러리맨은 일개미들이라고 말할 수 있다. 그들은 일본 경제에 없어서는 안 될 버팀목이다. 장시간 일하고 상사의 괴롭힘을 조용히 감내하고 젊은 세대의 웃음거리가 된다. 전형적인 샐러리맨에 대한 특징적 묘사는 텔레비전 드라마에서 코미디에 이르기까지 어디서나 찾아볼 수 있지만, 진지하게 말해서 이들이 없다면 일본 경제는 무너질지도 모른다.

현대 일본의 사무직 남성들은 옷을 잘 입고 헤어스타일도 좋다. 특히 젊은 세대에서 남성은 여성 못지않게 외모에 관심이 많은 '메트로 섹슈얼'이라고 말할 수 있다. 남성을 위한 뷰티 산업이 호황을 누리고 있으며 상점에서도 여성 제품 못지않게 많은 남성 제품을 찾을 수 있다. 헤어 제품에서부터 피부, 뷰티 제품, 심지어 남성을 위한 제모 살롱까지 있다. 일본은 또한 다양한 디자인과 컬러로 유명해 쇼핑을 즐기는 남성들에게는 천국 같은 곳이다.

성소수자

내가 본 바로는 보통의 일본인은 다른 사람의 성 정체성이 무엇이건 신경 쓰지 않는다. 본인에게 영향을 주지 않는 한 일반적으로 무엇이나 받아들이는 분위기다. 동성애 상대와 함께 외출하는 것도 대수로운 일이 아니지만 길에서 대놓고 애정 표현을 하면 원치 않는 관심을 끌 수 있다. 일본에서는 이성애자들도 사람들이 있는 곳에서 손을 잡는 것 이상의 애정 표현을 하지 않는다. 일본인들은 익숙하지 않은 뭔가를 보면 예의범절을 잊고 빤히 쳐다보는 경향이 있기 때문에 성소수자들은 특히 사회에 적응하기 위해 정체성을 드러내지 않는다.

도쿄와 오사카 같은 대도시에서도 규모는 작지만 다양한 성소수자가 어울릴 만한 동성애자 구역이 존재한다. 도쿄 프라이드 페스티벌이 관심을 끌기 시작했으며, 성소수자들이 직면한 문제들 역시 의회에서 제기되기 시작했다.

도쿄의 시부야와 세타가와 구는 동성애 커플에게 커플 인증서를 발부해 그들의 관계를 인정하고 이성 커플과 동일한 몇몇 권리를 제공하기 시작했다. 아직 해당 구에 국한된 얘기이기는 하지만 적어도 성소수자 커플의 동등한 권한을 추구하는 긍정적 움직임이 일어나고 있다. 2013년에 여성들로만 이루어진 다카라즈카 극단 소속 배우들의 유명한 결혼식에서 볼 수 있었던 것처럼, 결혼식을 올리고자 하는 동성 커플은 (비록 공식적으로 인정받지는 못하지만) 절이나 디즈니랜드에서 예식을 올릴 수 있다.

4

일본 사회 들여다보기

"다른 사람들이 읽는 책만 읽는다면
다른 사람들이 생각하는 것만 생각할 수 있다."

– 무라카미 하루키, 《상실의 시대》

일본에 체류하면서 일본인 친구를 사귀게 되면 깨닫게 될 한 가지는 사람들이 항상 공공장소에서 많은 시간을 보낸다는 사실이다. 기차역에서 친구를 만나 식당과 카페에서 함께 시간을 보내고 거리를 걷다가 기차역에서 헤어지기도 한다. 일본 사람들은 집에서 놀지 않는다. 혼자 사는 사람의 경우 생활 공간이 너무 협소하고, 아니면 부모와 함께 살아서 친구를 집에 데려가기가 불편할 수 있다. 일본인 친구가 당신을 집으로 초대하지 않더라도 섭섭하게 생각하지 마시라. 그것은 단지 그들의 문화일 뿐이다.

몇 년 전 도쿄에 있는 스시 바에서 친구를 만났다. 우리 옆자리에는 노부부가 앉아 있었고 우리는 스시 바에서 흔히 그러는 것처럼 주방장과 담소를 나누었다. 노부부는 고래 사시미를 먹고 있었는데 우리에게 '일본 전통음식'이라며 먹어볼 것을 한사코 권했다. 우리는 별로 내키지 않았지만 우리를 위해 따로 음식을 주문했기에 선택의 여지가 없었다. 약간 금속성 피 맛이 났지만 고래 사시미는 그리 나쁘지 않았다. 하지만 이 이야기의 요지는 그게 아니다.
술 몇 잔을 함께하며 대화를 나눈 뒤 노부부는 다음날 우리를 자신들의 '토끼굴' 집으로 초대한 후 동네를 구경시켜 주겠다는 제안을 했다. 그때 처음 머리를 스친 생각은 일본인의 친절함이 아니었다. 어쩌면 이 부부가 우리를 죽여서 커리를 만들려는 것일지도 모른다는 생각이 들었다. 머릿속에서 울린 경종에도 불구하고 우리는 초대에 응했고 다음날 노부부는 우리를 태우러 왔다. 굳이 말할 필요도 없지만 우리는 멀쩡히 살아남았고 그 방문은 꽤 즐거웠다. 그들이 '토끼굴'이라고 말한 집은 알고 보니 도쿄 내에서도 유행을 선도하는 기치조지 거리에 있는 제법 큰 주택이었다. 우리같은 생면부지의 타인을 즉석에서 초대하는 것은 아주 드문 경우였으며 그날 방문 이후 노부부를 다시 본 적은 없다.

일본인 가정 방문하기

당신이 운이 좋아서 일본 가정집에 초대받게 된다면 꼭 해주고 싶은 조언이 있다. 구멍 나지 않은 양말을 신거나 챙겨갈 것. 일본 가정집에서는 신발을 항상 출입구에 벗어놓으며 보통은 집 주인이 실내화를 권한다. 당신은 집안에서 실내화를 몇 차례 갈아 신게 될 것이다. 방에서 신는 실내화와 욕실에서 신는 실내화가 따로 있기 때문이다. 욕실에서 나올 때는 다시 방에서 신는 실내화로 바꿔 신어야 하며, 일본 전통 다다미방의 바닥을 밟을 때는 일체의 신발을 벗어야 한다.

남의 집에 손님으로 처음 갈 경우, 아마도 도착하자마자 필요한 모든 것을 제공받을 것이다. 보통은 집주인이 마실 것을 준비해 자리로 안내하고 다과를 차려온다. 반대로 일본인을 당신의 집으로 초대할 경우 "앉고 싶은 곳에 앉으라"든가 "자유롭게 행동하라"는 식의 표현은 혼란을 줄 수 있다. 그들에게 가정은 무척 개인적인 공간이기 때문에 대부분 자신들이 있어야 할 구역이 어디인지 알고 싶어 할 것이다. "편히 계세요"라고 말하고 일본인 손님을 혼자 남겨두면 잠시 후 당신이 돌아왔을 때 손님은 여전히 그 자리에 우두커니 앉아서 두리번거리고만 있을 것이다.

사교 행사

'카이'(会)로 끝나는 행사는 사교 모임이다. 예를 들어 '엔카이'는 연회를 뜻하고 '노미카이'는 술자리를 뜻하며 '보넨카이'는 송년회, '신넨카이'는 신년회를 말한다. 이런 모임은 일본에 사는 사람들이 흔히 접하는 행사이며 큰 모임은 연회장에서, 작은 모임은 일본식 선술집인 아자카야에서 갖는 것이 보통이다.

행사에는 보통 주최자가 있어 그가 모든 참가자에게 비용, 시간, 위치를 알려준다. 대개는 코스 요리에 각종 마실 거리가 포함되며, 특정 음식에 알레르기가 있거나 금기가 있는 경우에는 사전에 주최자에게 알리고 미리 가벼운 식사를 하고 가는 것이 좋다. 많은 모임에서 남성이 여성보다 회비를 더 내는 경향이 있으며, 이는 일반적으로 남성이 여성보다 먹고 마시는 양이 많은 데다 가부장적 통념 때문이기도 하다.

연회의 규칙

직장 회식은 보통 식당 룸이나 연회실에서 열린다. 좌석이 미리 배치되어 있을 테니 주최자에게 어디에 앉아야 하는지 묻는 것이 좋다. 테이블에 술병이 놓여 있겠지만 미리 마시지 말고 때를 기다려야 한다. 사람들이 다 모인 다음 주최자가 술잔에 술을 부으라고 말한 뒤 주빈(주로 사장이나 서열이 높은 사람)이 몇 마디 연설을 하고 첫 잔을 함께 마시게 될 것이다. 주빈이 연설을 하는 동안 주변에서 사람들이 서로의 잔에 술을 따라줄 텐데, 이때 자기 잔에 직접 술을 따르지 말고 누군가 술을 따라주면 양손으로 받는다. 술이 맥주밖에 없는데 마시지 못한다면, 일단 잔을 받아서 건배를 한 뒤 다른 음료를 마시면 된다.

사교적이고 의례적인 절차가 조금 따분하게 느껴지고 어서 술이나 마시고 싶은 생각이 들더라도 연설이 끝날 때까지 참아야 한다. 운이 좋다면 의자에 앉은 채로 연설이 짧게 끝날 것이며, 최악의 경우에는 바닥에 책상다리를 하거나 무릎을

이자카야가 모여 있는 거리. 직장인들은 퇴근 후 이런 곳에서 작은 모임을 많이 갖는다.

꿇은 자세로 연설이 끝없이 길어지는 상황이 생길 수 있다.

연회에서는 사교 활동의 일환으로 다른 사람의 잔에 술을 따라주면서 인맥을 형성하고 그를 더 잘 알게 될 기회를 갖는다. 술병을 들고 돌아다니며 같은 테이블에 앉은 사람들뿐 아니라 멀리 앉은 사람에게까지 술을 따라주면 점수를 더 딸 수 있다. 이는 다른 자리에 있는 친구나 직급이 높은 상사, 혹은 다른 부서 사람들과 이야기를 나눌 수 있는 좋은 방법이

마법의 단어 "감파이!"(건배)는 주빈의 연설이 끝나고 먹고 마시는 시간이 되었음을 알리는 신호다. 동료들과 술잔을 부딪친 뒤 적절하게 양을 조절하며 마신다. 술을 마시지 않는 사람이라면 잔에 입술을 대고 마시는 시늉만 한 뒤 무알콜 음료도 바꿔도 된다.

© MAHATHIR MOHD YASIN

기도 하다. 수줍음이 많은 사람이라면 같은 테이블에 앉은 사람들이나 옆자리 친구와의 대화만 고수해도 상관은 없다. 하지만 만일 다른 테이블에 앉은 사람에게 술잔을 따라주고 싶다면 술병을 들고 가서 자기소개를 한 뒤 따른다. 이때 술을 받는 사람이(특히 당신보다 직급이 높을 경우) 자리에서 일어날 것을 기대하지 말고 그 사람의 높이에 맞춰 몸을 숙이거나 무릎을 꿇고 술을 따른다.

술잔을 받는 동안에는 상대에게 좋은 인상을 주기 위해 술이 충분히 따라졌다는 신호로 "오-도-도-도-도"라고 말할 수 있다. 그러면 상대는 아직 술잔에 여유가 있다는 의미로 "마-마-마-마"라고 답할 것이다.

연회에서 주로 마시는 술은 맥주, 사케, 쇼추(일본 소주)다. 일본인들은 주로 맥주로 시작해서 사케나 쇼추로 넘어가는 편이며 계속 맥주만 마시기도 한다. 당신이 다음에 술을 따라주려고 마음먹은 사람이 무슨 술을 마시고 있는지를 봐두는 것이 좋다.

누군가 술을 따라주면 술잔을 마셔서 비운 뒤 그 잔을 다시 건네고 답례로 술을 따라주는 것이 일반적이다. 반대로 당신이 다른 사람에게 술을 따라주면 상대도 빠르게 잔을 비우고 똑같이 술을 따라줄 것이다. 이때 다른 누가 술을 따라주러 올 때까지 짧을 대화를 나누는 것이 보통이며, 아니면 가볍게 담소를 나눈 뒤 인사를 하고 도중에 자리를 뜨기도 한다.

연회 식사로는 주로 코스 요리를 선택하기 때문에 음식이 계속 나온다. 노련한 참가자는 인맥을 쌓고 술을 따르는 와중에도 중간 중간 짬을 내어 음식을 먹는다. 그렇게 할 자신이 없다면 연회에 오기 전 어느 정도 요기를 해두는 편이 현명하다. 술이 계속 나오기 때문에 모처럼 많이 마실 수 있는 기회지만 속도를 잘 조절해서 만취로 인해 민망해지는 상황을 만들지 않도록 한다.

연회가 끝나갈 무렵에는 주최자가 주빈에게 마무리 인사를 권할 것이다. 이때 주빈이 모두에게 연회에 와줘서 고맙다는 짧은 인사를 할 수도 있지만 주된 역할은 연회를 마감하는 테지메(박수)를 유도하는 것이다. 이럴 때 하는 박수의 종류가 다양한데, 어떤 테지메로 자리를 끝낼지는 주빈이 정해서 알려준다. 어쩌면 연회를 시작하기 전에 간략한 설명이 있을 수 있다. 가장 흔한 테지메는 '이폰 지메'로 두 손으로 손뼉을 세 번, 세 번, 세 번, 한 번 친다. 마지막 박수를 친 뒤 모두가 고개 숙여 절하고 서로에게 감사 인사를 한다. 이보다 짧은 테지메는 박수를 한 번 치고 추가적인 손뼉 없이 모두가 서로에게 절하며 감사의 말을 하는 것이다.

테지메가 끝나면 사람들이 미련 없이 순식간에 흩어지는 것처럼 보이기 때문에 연회의 끝이 갑작스럽게 느껴질 수 있다. 하지만 연회를 좀 더 즐기고 싶은 사람은 계속 읽어보시라.

뒤풀이

뒤풀이는 사람들을 잘 알기 위한 최선의 방법이다. 2차는 니지카이, 3차는 산지카이라고 한다. 연회는 보통 두세 시간 정도면 끝난다. 연회가 끝나면 대부분은 자리를 뜨지만 좀 더 남아서 사람들과 어울리며 좋은 시간을 이어가고 싶어 하는 사람들을 위해 주최자가 니지카이 장소를 물색해두는 것이 보통이다. 니지카이는 일반적으로 이자카야나 가라오케 같은, 규모가 크지 않은 장소에서 한다. 뒤풀이는 연회에 비해 참석자 수가 적으며, 1차에서 충분히 먹지 못했다면 지금이 기회다.

밤이 깊어가면서 평소에는 조용하던 사무실 동료가 가라오케에서 정말 잘 놀고, 학교나 직장에서 매일 보던 사람들이 사실은 무척 흥미로운 취미생활을 하고 있다는 것을 알게 된다. 그런데 내가 잘 이해할 수 없는 부분은, 어떻게 사람들이 마치 전날 밤의 술자리가 없었던 것처럼 다음날에 말짱하게 학교나 직장에 출근할 수 있는가 하는 거다.

시간 지키기

일본인들은 업무상 만남에 너무 일찍 나타나거나 너무 늦게 오는 법이 없다. 데이트를 할 때도 마찬가지다. 일본 열차는 딱 정해진 시간에 도착하기 때문에 데이트 상대에게서 '14시 31분 열차를 탔으니 14시 57분에 도착할 거야'라는 문자 메시지를 받는 경우가 흔하다. 배차 간격이 분 단위여서 정기적인 열차 이용객들은 짧은 환승 시간에 맞춰 전력질주하곤 한다.

한 친구가 이렇게 말한 적이 있다. "집에 시계가 수없이 많다면 그건 일본인의 집이야. 전화나 손목시계 없이도 집안 어디서건 시간을 알 수 있지."

모임에 일찍 도착했다면 모임 장소에서 기다리지 말고 조금 떨어진 곳에 갔다가 약속한 시간 직전에 다시 돌아오는 것이 좋다. 그리고 다른 사람이 도착해서 "오래 기다리셨어요?"라고 물으면 "아니요. 저도 방금 도착했습니다."라고 대답한다. 상대가 당신을 기다리게 해서 미안한 감정을 갖지 않도록 하는 것이다. 같은 이유로 식당 밖에 차를 대고 눈에 띄지 않게 앉아 있는 경우도 있다.

선물과 기념품

선물 주기는 일본 문화에서 중요한 부분이다. 백화점에 가면 한 층 전체에서 먹는 기념품만 판매하기도 하고, 기차역에는 반드시 기념품 가게가 있으며, 관광지마다 똑같은 식품과 장신구를 파는 기념품 가게가 널려 있다. 심지어 편의점에서도 떠나기 직전 마지막 구매를 하려는 사람들을 위해 지역 기념품을 판매한다.

선물 주기는 끝나지 않는 순환과도 같아서 외국인은 말할 것도 없고 간혹 일본인들마저 당혹감을 느낀다. 일본 문화 강좌에서는 새집으로 이사할 때 이웃에게 작은 선물을 하는 것이 예의라고 가르친다. 잘 알지도 못하는 누군가에게 왜 선물을 해야 할까? 아마도 이사를 들어오면서 끼친 불편함을 사과하고 이웃과 얼굴을 익히기 위함일 텐데, 사실을 말하자면 요즘은 이웃을 마주칠 일이 거의 없다. 나 역시 지금의 아파트에서 3년 넘게 살았는데도 이웃을 본 적이 없다.

새 직장에서 일을 처음 시작할 때 상사와 동료들을 위해 조그만 선물을 준비하는 것은 그들이 일하는 요령을 알려줄 것에 대해 미리 감사를 표하는 좋은 방법이다. 선물은 포장해서 쇼핑백에 담아야 하며, 반드시 두 손으로 건네면서 약소한 선물이라고 말하는 것이 예의다. 선물을 줄 때 잘 쓰는 표현은 "츠마라나이 모노 데스가"인데, 대략 "약소합니다." 정도로 해석된다. 당신이 적절한 선물을 찾기 위해 몇날 며칠 머리를 쥐어짜고 가격 때문에 아무리 고민했더라도 상대가 그런 사정을 알 필요는 없다.

일본에는 특별히 선물이 많이 오가는 시기가 두 차례 있는데, 음력 7월의 '오추켄お中元(백중날)'과 연말에 있는 '오세이보お歳暮'다. 이때 슈퍼마켓과 백화점에는 맛있는 것이 가득 담긴 바구니를 비롯해 다양한 식품과 음료 선물 박스가 우르르 진열된다. 오추켄과 오세이보 선물을 챙기는 사람들은 간편하게 이런 상점에 가서 선물 바구니를 고르고 받을 사람에게로 배달을 부탁하는데, 수신처는 주로 고용주와 처갓집 또는 시댁인 경우가 많다. 오추켄은 7월 15일부터 8월 15일까지이며, 오세이보는 12월 1일부터 그해 일반 회사들의 마지막 영업일까지다.

지역으로 여행 가서 기념품을 살 때는 계산원이 종종 추가로 가방이 필요한지를 물을 것이다. 그렇다고 대답하면 기념

일본 여행자들에게 인기 있는 기념품 중 하나인 행운을 주는 고양이 인형, 마네키네코.

© PATCHAYA BURANCHANTRA

미야자키 하야오가 이끄는 스튜디오 지블리의 유명한
애니메이션 캐릭터 상품들도 큰 인기를 끌고 있다.

품을 선물할 때 사용할 빳빳한 새 쇼핑백을 함께 챙겨준다. 아니면 구매한 물건을 집에 가져갈 것인지 선물용인지를 묻는 경우도 있다. 선물용이라면 일반적으로 포장 서비스를 이용할 수 있고 그렇지 않으면 가방에 따로 담아준다.

기념품은 전국 어디서나 구할 수 있으며 지역마다 여행안내 책자에서 권장 기념품과 구입처 목록이 나온 페이지를 찾을 수 있다. 관광지 기차역에도 현지 공예품과 지역 별미를 전시한 진열장이 꼭 있어 무엇을 사야 할지 알 수 있다.

연애

일본에서 연애하는 방식은 다른 나라에서와 다르지 않다. 그러나 틴더나 오케이큐피드 같은 데이트 앱은 별로 인기가 없으며, 사람들은 여전히 직장이나 학교, 또는 친구의 소개로 자신의 반쪽을 만난다.

전통적이고 나이가 많은 사람에게는 '오미아이'(맞선)가 인기 있다. 맞선은 주로 결혼을 전제로 한 만남이며 중매쟁이나 부모가 주선한다. 반면에 젊은 층은 '고콘'(미팅)이라고 알려진 만남의 자리를 선호한다. 고콘은 동수의 남자와 여자 몇 명이 함께 만나며, 주로 주선자가 자신의 친구들을 초대해 서로 마음이 맞는 상대가 있는지 확인한다. 고콘은 주로 음식점에서 이루어지며 모두들 잘 차려입고 여자들은 테이블 한쪽에, 남자들은 반대쪽에 일렬로 앉아 있어서 쉽게 알아볼 수 있다.

연애 중이 아니라 해도 혼자만 그런 것은 아니니 걱정할 것 없다. 통계 수치에 따르면 요즘 일본에서는 애인이 없고 딱히 이성 관계를 추구하지 않는 젊은이가 증가하는 추세다. 그러나 만일 누군가를 만나고 싶다면, 직장이나 학교에서 만나는 것을 제외하면 야외활동 동호회에 가입하거나 고콘에 참석하는 것이 최선의 대안이다.

결혼식

일본에서 가장 조용하게 결혼하는 방법은 그냥 필요한 서류에 증인 두 명의 서명을 받아 살고 있는 곳의 구청이나 동사무소에 제출하는 것이다. 국제결혼인 경우 현재 미혼 상태임을 증명하는 서류가 있어야 하기 때문에 일이 조금 늘어난다.

그러나 모든 사람이 조용한 결혼을 선호하는 것은 아니다. 일본에서 결혼식은 중요한 인륜지대사이며, 웨딩 플래너는 고등학교 여학생들이 선호하는 직업 목록에서 상위권에 속한다(디즈니랜드 직원이나 비행기 승무원도 목록에 포함된다).

결혼식은 보통 신사나 대형 호텔 예식장에서 한다. 최근에는 하와이나 괌 같은 해외 휴양지에서 결혼식을 올리는 것도 유행이어서 일본인을 상대로 화이트 웨딩을 준비하는 시설까지 있을 정도다. 화이트 웨딩이란 신부는 하얀 서양식 웨딩드레스를, 신랑은 하얀 턱시도를 입고 사제 복장을 한 백인이 거행하는 예식을 말한다. 이 때문에 사제 역할을 맡을 금발 백인 남성의 수요가 높아지고 있는데, 듣기로는 이 직업이 꽤 보수가 좋으며 실제 성직자이거나 사제 자격증이 필요한 것은 아니라고 한다. 이런 웨딩 방법이 젊은 세대에게 인기를 끄는 것은 아마도 서양 동화에 나오는 백마 탄 왕자와 공주 캐릭터 때문이 아닐까 싶다.

결혼식 뒤에는 피로연이 열린다. 신랑과 신부 측은 대개 호텔의 큰 연회장에 피로연 자리를 마련한다. 하객들은 테이블에 앉고(테이블 당 5~8명이 지정된 좌석에 앉는다) 피로연 사회자가 있다. 보통은 피로연 중에 신랑신부의 성장사와 러브스토리를 자세히 보여주는 슬라이드 감상 시간이 있으며, 신랑신부와 양가 부모, 때로는 형제자매의 발언이 이어지고 친구들

© MAHATHIR MOHD YASIN

전통 복장을 입고 신사에서 결혼식을 올리는 신랑신부.

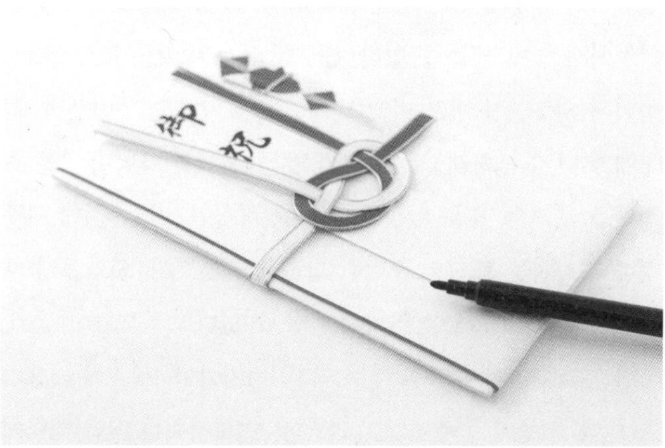

결혼식 축의금 봉투. 축하 글씨를 쓰고 붉은색과 흰색 끈으로 묶어서 건넨다.

이 작은 축하공연을 펼치기도 한다.

피로연에서 신랑신부는 보통 맨 앞 테이블에 앉아 있으며, 쉬는 시간 동안에 하객들이 다가와 축하 인사를 건네고 술을 따라주기도 한다. 신랑신부는 이것저것 할 일도 많고 다른 하객들에게 감사 인사를 하느라 온종일 바쁠 테니 축하 인사는 되도록 짧게 하는 편이 좋다.

일본에서 결혼할 때 건네는 유일한 선물은 축의금이다. 그러니 미리 쇼핑을 하거나 결혼 선물 리스트에 대해 물어볼 필요가 없다. 선물로 현금을 준다는 것이 조금 정성 없어 보일 수 있지만 이 돈은 대체로 피로연에서 하객들이 먹는 식대로 쓰인다. 결혼식 축의금으로 내는 최소 금액은 2만 엔인데 그 정도가 신랑신부가 호텔과 협상할 수 있는 1인당 최소 식대로 여겨지기 때문이다. 물론 원하는 만큼 더 낼 수 있으며 평균 3만 엔 정도가 적당하다.

축의금은 빳빳한 1만 엔짜리 신권을 붉은색과 흰색이 섞인 전통적인 봉투에 담아서 건네야 하며, 이 봉투는 문방구나 편의점에서 쉽게 구할 수 있다. 봉투에 동봉된 띠를 조심스럽게 묶어서 피로연장 바로 바깥 테이블에 앉아 있는 신랑신부 친구에게 건넨다. 하객들은 좌석에 앉을 때 선물 앨범이 담긴 쇼핑백을 보게 될 수도 있는데, 이는 신랑신부가 결혼식에 와준 것에 감사하는 표시로 준비한 답례품 리스트다. 하객들이 앨범에서 한 가지 선물을 골라서 받을 수 있다.

결혼 피로연이 끝난 뒤에는 역시 '니지카이', 즉 2차 뒤풀이가 있다. 뒤풀이는 주로 호텔의 작은 연회장이나 고급 식당에

한번은 친구의 결혼식 피로연에 참석했는데 결혼식에 오지 못한 친구들까지 참석하는 니지카이가 이어졌다. 그때까지 나는 니지카이가 끝나면 대부분 파티가 끝난다고 생각했는데 그날은 동이 훤하게 튼 뒤에야 술집에서 비틀비틀 걸어 나오며 원한다면 얼마든지 뒤풀이 차수를 이어갈 수 있다는 사실을 알게 되었다. 어떤 사람은 그날 바로 출근을 해야 했는데 나는 그들에게 출근을 잘했는지 묻지 못했다.

서 열리며, 결혼식 후 신랑신부에게 긴장을 풀 기회를 주고 결혼식에 초대받지 않은 친구들도 참여할 수 있다. 충분한 수의 사람들이 동의한다면 니지카이가 또 다른 뒤풀이로 이어질 수도 있다.

장례식

인생에서 결혼은 선택의 문제지만 죽음은 그렇지 않다. 일본에서 지내는 동안 어느 시점에는 누군가의 조문을 가거나 장례식에 참석해야 할 상황이 생길지 모른다.

장례 절차는 임종 후 신속하게 이루어지며 보통 2~3일에 걸쳐 전체 절차를 진행한다. 임종 당일에는 입관을 위해 시신을 단장하고 다음날 입관을 진행하며, 3일째 되는 마지막 날에 시신을 화장터로 보낸다.

입관과 장례식은 대부분 불교식으로 치르는데, 기독교나 신도를 믿는 가족들도 어딘가에서 불교식 의식을 치르는 경우가 종종 있다. 입관이나 장례식에 참석하는 사람들은 일본식 상복 '모후쿠'를 입어야 한다. 주로 검은색 정장에 검은 구두를 신고 남자는 검은 넥타이, 여자는 검정색이나 살구색 스타킹을 착용한다. 결혼반지 외에 보석류는 착용하지 않으며 가방도 검은색을 든다.

유족들이 힘든 시간을 해쳐나가는 데 도움을 주기 위해 이때도 소액의 조의금을 건네는 것이 예의다. 결혼식 축의금을 내는 것과 비슷하지만 조의금 봉투는 검은색과 은색 띠로 묶는 점이 다르다. 액수는 3천 엔 정도가 적당하며 유가족과 가까운 사이라면 좀 더 많이 낸다. 지폐를 짝수로 내는 것은 금기시되며, 임종이 갑작스럽게 닥쳐서 전혀 예상하지 못했음을 암시하는 의미로 이때는 신권이 아닌 헌 지폐를 넣어야 한다.

장례식장에서는 결혼식에서와 마찬가지로 유족으로부터 감사의 뜻으로 차와 소금이 담긴 작은 가방을 받게 될 것이다. 여기서 소금은 장례식을 마치고 집으로 돌아갈 때 죽음의 기운을 떨치기 위해 어깨에 뿌리는 데 사용한다.

조의금을 내면 답례로 가족 및 다른 조문객들과 식사와 술을 함께 하는 자리에 초대될 것이다. 이때 초대를 거절하는 것도, 무료 뷔페에 온 것처럼 게걸스럽게 먹고 마시는 것도 결례다. 어떤 장례식은 조문객들이 분향소에서 명복을 빌도록 되어 있다. 향로 위에 가루 형태의 향을 뿌리거나 막대형 향에 불을 붙였다가 왼손으로 꺼서 분향한다. 보통은 시작할 때 설명을 해주지만 혹시 설명을 놓쳤다면 다른 사람들이 하는 것을 보고 그대로 따라하면 된다. 이후 유가족과 대화를 나눌 기회가 있을 것이다. 이때는 보통 의례적인 말들이 오가는데 잠시 고인에 대한 개인적 기억과 존경을 표현한다면 유가족이 고마워할 것이다.

불교 전통은 고인을 주기적으로 추모하는 행사를 갖도록 한다. 임종 후 7일째, 49일째 되는 날 그리고 1주년, 3주년, 7주년, 13주년에 추모식을 하고 때로는 그 이후에도 이어진다.

유흥

일본의 유흥에 대해 이야기하자면 이곳에서는 즐길 거리를 찾기가 그리 어렵지 않다. 등산을 좋아한다면 지금 있는 곳에서 당일에 도착할 수 있는 산이 많다. 식물을 좋아한다면 많은 시내 공원에서 계절별로 신록과 다양한 꽃을 즐길 수 있다. 시내에 있는 박물관들도 찾아가볼 만하다. 그리 잘 알려지지 않은 박물관 중에는 일본의 스타 건축가들이 설계한 것도 있다. 소소하게는 어느 시가지에나 주민들에게 즐길 거리를 제공하는 DVD 대여점, 스낵바, 가라오케 등이 있다.

밤 문화

도시와 시가지에 산다면 술집을 쉽게 찾을 수 있다. 스포츠 경기를 보며 술을 마시는 스포츠 바는 주로 대도시에 있지만 간혹 작은 시가지에서도 찾을 수 있다. 호텔 바는 제일 쉽게 찾을 수 있는 곳으로 대도시에 많다. 어떤 곳에서는 생음악을 연주하고 어떤 곳은 전망이 좋으며 하나같이 다양한 음료를 제공한다. 다만 일본은 음주운전에 절대 관용을 베풀지 않으므로 술자리에 갈 계획이라면 차는 꼭 두고 가도록 한다.

요즘은 대폿집도 인기를 끌고 있다. 어떤 곳은 주류 판매점에 붙어 있어 손님들이 직접 술을 고른 뒤 소액의 봉사료를 지

단란주점

'캬바쿠라(キャバ・クラ)'라고 하는 단란주점과 그 상대적 개념이라고 할 수 있는 호스트바는 가격이 비싼 편이다. 시간 당 요금을 부과하며, 옷을 잘 차려입은 접대부가 술을 따라주고 말벗을 하는 등 개인적인 시중을 들어준다. 처음 한 시간은 5000엔에서 1만 엔 수준이고 이후부터는 두 배 비용이 부과될 수 있다. 손님들은 특정한 접대부를 선택할 수 있으며 이 경우에도 추가 요금이 부과된다. 값싼 술은 비용에 포함되었을 수 있지만 비싼 술은 추가 요금을 내야 하고, 접대부가 마시는 술값도 손님이 지불해야 한다. 호스트바는 단란주점보다 수가 적고 주로 여성 고객을 상대한다는 점이 다르다.

불하고 마시면 된다. 일정액을 내고 다양한 종류의 사케를 맛볼 수 있는 사케 대폿집도 점차 인기를 얻어가고 있다. 요즘은 일본 위스키가 국제 위스키 품평회에서 상을 받고 있으니 당연히 위스키 바도 인기다. 그러나 아쉽게도 아직은 대도시나 양조장에서만 찾을 수 있다.

스낵바는 그 이름만으로는 짐작하기 어려운 형태의 술집이다. 이런 곳에서 파는 안주는 주로 견과류, 마른 오징어, 또는 슈퍼마켓에서 파는 간단한 치즈(미식가들이 즐기는 치즈가 아닌) 같은 것들이다. 다른 술집과 다른 점은 동석하는 사람이 있다는 것인데, 주로 나이가 많은 여성이 운영하면서 젊은 여성이 옆자리에 앉아 술을 따라주고 말벗을 해준다. 보통 가라오케가 제공되며, 낯선 사람들이 가득한 공간에서 노래하는 것을 꺼리지 않는 손님들은 목청껏 노래를 불러대며 실력을 뽐내곤 한다.

5

일본에서 살아보기

하루하루가 하나의 여정, 여정 자체가 집.

– 마쓰오 바쇼, 시인

일본은 많은 사람이 살고 싶어 하는 나라의 목록에 자주 오른다. 현대 기술을 받아들이면서도 많은 사찰과 신사들 같은 옛것의 매력을 간직하고 있어서 외국인이 생활하기에 매력적인 곳이다.

일본에 관한 가장 큰 오해 중 하나는 생활비가 비싸다는 것이다. 물론 도쿄는 늘 세계에서 생활비가 가장 높은 도시 열 손가락에 든다. 이 순위는 주거비와 식비, 의복 및 가사용품 구입비, 공과금, 교통비, 유흥비 같은 기본 생활비를 고려해 매겨진다. 하지만 도쿄에서 생활하는 비용의 상당 부분은 임대료가 차지하며, 도쿄 외곽의 작은 아파트를 제외한 나머지 지역은 그럭저럭 감당할 만한 수준이다. 식비와 공과금은 지역별로 크게 차이나지 않고 유흥비도 마찬가지다. 전국에 걸쳐서 큰 차이를 보이는 것은 임대료와 임금이며, 도쿄가 오키나와에 비해 상당히 높다.

비자

일하기 위해 일본에 오는 사람들은 입국해서 일을 시작하기 전에 취업 비자를 받아야 한다. 취업 비자는 약 15종이나 되며 적절한 것을 찾아 걸맞은 자격 요건을 갖추면 된다. 보통은 학사학위가 취업 비자 신청을 위한 최소한의 자격 요건이다. 학사학위가 없다면, 신청하려는 분야에서 최소 3년에서 10년 정도 일한 전문 경력이 있어야 한다. 관광 비자로 입국한 사람이 일을 하는 것은 허용되지 않으며 방문 기간 동안 일자리를 알아볼 수는 있다. 관광 비자로 일본에서 일자리를 찾은 사람이 합법적으로 일을 시작하려면 일단 출국했다가 취업 비자로 재입국해야 한다.

취업 비자를 신청하려면 먼저 체류자격인정증명서(COE)를 준비해야 한다. 본인의 신상 정보와 일하려는 회사에 대한 정보를 갖고 COE를 발급받으면 비자를 취득할 자격이 생기는데, 이는 비자 신청 서류에 거짓 주장이 없음을 입증하는 용도이다. 일본 외무성에 따르면 COE를 소지한 외국인은 대사관이나 영사관에서 좀 더 쉽게, 표준 처리 기간(신청 접수일로부터 근무일 기준 5일) 이내에 비자를 발급받을 수 있을 뿐 비자 발급이 보장되는 것은 아니다.

일본에서 일하기 위해서는 취업 비자 외에 자가 스폰서십도 가능한데 그러려면 연소득이 최소 300만 엔을 넘어야 한다. 근무 형태는 다양할 수 있지만(시간제 아르바이트건 프리랜서건) 일반적으로 기존의 비자와 같은 15개 취업 범주 중에서 신청한다. 이미 유효한 취업 비자를 가진 사람, 즉 현재 일본에서 거주하면서 일하고 있는 사람만이 자가 스폰서 비자로 변경 신청을 할 수 있으며, 일반적으로 일본에서의 근무 기간과 근무 시간, 급료를 증명하기 위해 회사나 함께 일하는 개인을 증인으로 세워야 한다.

유효한 취업 비자를 가지고 입국한 경우, 출입국 심사대에서 체류 카드를 발급해준다. 이 카드에는 (출입국 심사대에 있는 웹캠으로 찍은) 사진과 이름, 비자 상태, 비자 기간에 상응하는 만료일이 들어가며, 입국 후 2주 이내에 거주지 관할 구청에 가서 새로운 주소로 허가증을 갱신해야 한다. 체류 카드는 곧 신분증의 효력을 지녀 여권 대신 가지고 다닐 수 있다(체류 카드가 없을 경우, 법적으로 일본에서 어디를 가건 꼭 여권을 지참해야 한다). 비자를 갱신할 때마다 체류 카드도 갱신해야 하며, 개인 정보에 다른 변경이 있을 때도 관할 구청에 가서 체류 카드를 갱신한다. 이때 새 체류 카드에 넣을 사진을 함께 제출하면 된다.

체류 카드를 소지한 외국인 거주자는 카드와 여권이 유효하다면 출입국을 몇 번이고 자유롭게 할 수 있으며, 출국 후 1년 이내에 입국 예정이라면 재입국 허가를 따로 신청할 필요가 없다. 그러나 체류 카드가 1년 이내에 만료될 경우 그 이전에 재입국해야 한다.

비자 면제 국가에서 온 관광객들은 입국 후 최대 90일간 일본에 머무는 것이 허용된다(브루나이, 인도네시아, 태국은 예외로 15일 체류만 허가된다). 그 외 다른 국가에서 오는 여행객은 비자가 필요하며 일본으로 오기 전에 본국에서 비자를 취득해야 한다.

한편 일본 시민과 결혼하면 배우자 비자를 취득할 수 있다. 영주 비자는 일본에서 최소 10년간 연속 체류하고 최소 5년간 일해야 취득이 가능한데, 일본 국적자와 결혼한 사람은 최소 3년간 체류하면 영주 비자를 받을 수 있다.

일본과 개별 국가들 간의 양자 협정에 따른 워킹홀리데이 비자는 18세에서 30세까지의 젊은이들이 일본에서 휴가를 보내면서 일할 수 있도록 허용한다. 일본은 현재 16개국과 워킹홀리데이 협정을 맺고 있다(호주, 뉴질랜드, 캐나다, 한국, 프랑스, 독일, 영국, 아일랜드, 덴마크, 타이완, 홍콩, 노르웨이, 포르투갈, 폴란드,

마이넘버

일본에서 최근에 새로 시행된 마이넘버 제도는 유효한 체류 카드를 가진 모든 주민에게 12자리 숫자로 된 개인 식별 번호를 할당해 사회보장 및 세금 정보를 통합 관리하는 일본판 주민등록번호 제도다. 12자리 숫자가 적힌 서류를 소지하거나 마이넘버 카드를 신청해서 몸에 지니면 된다. 카드 신청 후 발급까지는 3~4개월이 걸리며, 직장에서 고용 정보 처리를 위해 당신의 마이넘버 번호를 요청할 수 있다. 그렇게 되면 당신이 다른 회사에서 야간 부업을 할 경우 고용주가 사회보장과 세금 정보에서 불일치를 발견하고 부업 사실을 알 수 있으니 주의하자.

일본 영주권자 되기

영주 비자는 (원칙적으로) 연속 체류 기간이 최소 10년(일본 국적자와 결혼한 사람은 최소 3년), 일본에서 일한 경력이 최소 5년이 되어야 신청할 수 있다. 그러나 2017년 3월부터 학술, 연구, 기술, 사업 분야에서 일하는 고숙련 근로자에 한해서는 최소 체류 기간을 완화해 이전 5년에서 3년으로 짧아졌고, 심사에서 높은 점수를 받으면 최소 1년만 체류해도 영주 비자를 발급해준다. 이를 위한 별도의 점수 기반 시스템이 있어 누가 취업 비자나 영주 비자를 신청할 수 있는지 평가하는데, 보통 70점이면 무사 통과할 수 있는 수준이다. 그러나 최종 결정은 여전히 이민국에 달려 있다. 영주권 신청에 관한 자세한 정보는 일본 이민국 홈페이지(www.immi-moj.go.jp/englishl)에서 찾을 수 있다.

슬로바키아, 오스트리아). 그 외 학생비자, 연수비자, 사회문화 비자도 이용할 수 있지만 이 비자들로 일본에서 일하는 것은 불가능하다. 대신 학생들은 입국 후 별도의 취업 허가를 신청할 수 있다.

한편 일본에 입국하기 위해서는 다음과 같은 서류를 준비해야 한다.

- 유효 기간이 최소 6개월 이상인 여권이 필요하다.
- 당신의 나라가 일본의 비자 면제 프로그램에 속해 있는지 확인한다. 속하지 않은 경우 관광을 위해서도 비자가 필요하다.
- 일본에서 운전하려면 본국에서 발급받은 국제운전면허증이 필요하며 이 면허증의 유효 기간은 1년이다.
- 일본에서 1년 이상 머물 예정이라면 운전면허를 일본의 운전면허로 전환해야 한다. 유효한 면허증과 일본자동차연맹의 번역문, 관할 구청에서 소정의 수수료를 내고 발급받은 주민표 사본, 여권, 체류 카드, 그리고 당신이 면허증을 발급받은 국가에서 적어도 3개월 이상 체류했음을 입증하는 서류를 지참해야 한다. 발급 국가에 따라 일본 면허증을 따기 위해 필기 및 실기 시험을 다시 치러야 할 수도 있다.

일본의 주택

일본의 주택 시장은 조금 특이하다. 대부분의 다른 나라에서는 시간이 갈수록 주택의 가치가 올라가는데 이곳에서는 시간이 지날수록 가치가 떨어진다. 따라서 아주 오래 살 곳을 준비할 의도가 아니라면 일본에서 집을 사는 것의 경제적 가치는 없다고 봐야 한다. 주택 자체의 수명도 길지 않아서 20~30년 뒤에는 허물어버리는 것이 보통이다. 지진 활동이 활발한 지역에서 살고 있는 현실도 일본 주택의 수명이 짧은 원인 중 하나다. 그런데 집주인이 되는 것에 대한 전망이 이렇게 암울하다면 사람들은 왜 굳이 집에 돈을 투자하는 것일까? 20년 정도 유지될 집을 사는 편이 같은 기간 동안 집을 임대하는 것보다 그나마 비용이 덜 들기 때문이다.

임대

일본에서 집을 임대하려면 체류 카드와 적어도 몇 천 달러가 수중에 있어야 한다. 부동산에 가서 당신의 조건과 형편으로 구할 수 있는 집의 목록을 살펴보시라. 요즘은 온라인으로도 쉽게 집을 구할 수 있다. 임대 관련 용어는 약어가 많아서 한눈에 해독하기 어렵다. 아파트의 경우 항상 방 개수와 구조, 제곱미터 기준의 총면적, 가까운 전철역까지의 거리를 표시한다. 방 크기는 주로 조(다다미 개수)를 기준으로 말하는데, 1조는 길이 1.8m, 폭 0.9m 크기다. 현대식 아파트는 나무 바닥을 까는 경향이 있지만 옛날 아파트들은 아직도 볏짚으로 만든 다다미를 깐 방이 많다.

일본에서 구할 수 있는 임대 주택에는 몇 가지 유형이 있다. 우선 잇켄야いっけんや라고 하는 단독주택이 있는데 단층집부터 몇 층으로 이루어진 집까지 있으며 면적도 다양하다.

다음으로 공동주택은 아파토(아파트)와 만숀(맨션), 이렇게 두 범주로 나눌 수 있다. 둘의 차이는 그렇게 확연하지 않다. 따지고 보면 둘 다 공동주택이고 동일한 구조인데, 내 생각에 아파토와 만숀의 차이는 아마도 건축 자재에 있는 것 같다.

아파토는 주로 4층 이하의 저층 목조 건물로 벽이 얇고 단열재가 없다. 대부분 임대 전용이며 저렴한 임대 매물에 해당한다. 이와 달리 일본에서 만숀은 일반적 의미의 '맨션'과는 다르다. 만숀은 아파토와 달리 강화 콘크리트로 짓고 벽이 두껍다. 이 벽이 일종의 단열재 역할을 해 겨울에도 따뜻한 편이다. 만숀에는 보통 엘리베이터가 있고 최고 50층까지 올라가는 고층 건물이 많다. 만숀 거주자 중에는 집주인도 있고 세입자도 있다.

일본 전통 주택의 내부. '잇켄야'라고 부르는 단독주택이다.

© waltericsy

일본에서 아파트는 주로 4층 이하이며 임대 전용으로 쓰는 공동주택을 말한다.

일반적인 아파트의 구조는 방(R) 하나와 식탁 공간(D), 주방(K)으로 구성되며 여기에 거실(L)이 추가되기도 한다. 큰 아파트라면 여분의 특별 공간(S)이 있을 수 있다. 그와 반대로, 별도의 화장실과 욕실이 없어 공동 시설을 사용해야 하는 4조 크기의 단칸방(1R)으로 이루어진 공동주택도 있을 수 있다. 도 일본에서 내가 처음 구한 집은 아파토였다. 다른 것은 부족함이 없었는데 얇은 벽은 영 거슬렸다. 밤마다 옆집 이웃이 코고는 소리가 들리거나 늦잠이 절실히 필요한 일요일 아침에 벽 너머에서 아침식사를 하는 소리 때문에 잠에서 깨는 상황을 상상해보라. 게다가 겨울에는 실내가 바깥보다 추워서 오히려 창문을 열면 더 따뜻해지는 것을 깨닫는 이상한 상황도 느꼈다. 그곳에서 2년쯤 살다가 결국 포기하고 만숀으로 이사를 갔다.

쿄의 많은 독신자들이 1K(큰 방과 작은 주방 공간)나 1DK(방 하나에 주방 겸 식탁 공간)에서 생활한다. 평균적인 아파트 면적은 20~35㎡ 정도로 침대 하나와 책상, 옷장이 들어가면 약간의 공간이 남는 정도다. 가족들은 방 두 개와 주방 겸 식탁 공간을 제공하는 2DK 이상의 비교적 큰 아파트를 찾는다.

원하는 아파트 유형과 크기가 정해지면 본격적으로 가격을 살펴볼 차례다. 부동산에 표시된 가격은 주로 월세 기준이며 공과금이나 관리비는 포함되어 있지 않다. 임대료는 공동 유형(즉 아파토냐 만숀이냐), 층수(높은 층일수록 가격이 비싸다), 건물 연식(오래된 것이 좀 더 싸다), 전철역과의 거리 그리고 물론 위치에 따라 달라진다.

대부분 국가에서는 처음 1~2개월치 월세와 간혹 보증금(약 1개월 치 월세)만 지불하면 집을 얻을 수 있지만 일본에서는 임대할 때 최소 5개월치 월세에 상응하는 금액을 선금으로 지불해야 해서 초기 비용이 큰 편이다. 이는 처음 1~2개월치 월세 외에 다음과 같은 비용을 최초 구입비에 추가하기 때문이다.

- 건물 관리비
- 시키킨 (보증금. 두어 달치 임대료 수준이다.)

- 레이킨 (장소를 임대한 것에 대한 감사로 집주인에게 주는 사례금. 역시 두어 달치 월세 수준이다.)
- 청소비
- 열쇠 교체 비용
- 화재 보험
- 24시간 응급 지원 비용

일본에서 집을 얻으려면 보증인이 필요하다. 근무하는 회사나 친구가 보증을 서줄 수 있다. 신원 조회의 일환으로 보증인에게 전화가 걸려올 테니 미리 그 사실을 알려두도록 한다. 어떤 부동산은 보증 회사의 보증만을 인정하기 때문에 당신이 보증 회사의 신원 조회를 통과하지 못한다면 그 부동산과의 임대 계약은 물 건너간다. 보증 회사의 신원 조회를 통과했다면 그 회사에 임대료의 일정 비율을 보증료로 지불해야 한다.

일본에서 모든 매물 정보를 확인하는 것은 아마도 혼자 힘으로는 벅찰 것이다. 그러니 가급적 전체 과정에서 통역사 역할을 담당할 누군가에게 도움을 청하는 것이 좋다. 일본에서 주택을 임대할 때는 보증금과 사례금이 붙는 것이 일반적이지만 둘 중 하나, 또는 둘 다를 요구하지 않는 매물도 있을 수 있으므로 현지에 밝은 조력자를 찾으면 도움이 클 것이다.

모든 번거로움을 피하고 싶다면 게스트하우스와 레오팔레스 아파트(kr.leopalace21.com)를 얻는 것도 대안일 수 있다. 이런 곳들은 가격이 조금 비싼 편이지만 기본적인 가구와 가전제품을 완비하고 있다. '가이진(외국인)' 하우스라고도 알려진 게스트하우스는 임대용 주택에 가구가 비치된 방이 있고 주방, 화장실, 욕실은 공유하는 경우가 많다. 대개 임대료에 공과

계약서 서명 전에 확인할 것들

- 시키킨(보증금)을 지불해야 하는가? 이 경우 당신이 집을 임대했을 때와 똑같은 상태로 아파트를 비우더라도 보증금을 돌려받지 못할 수 있다는 데 유의한다.
- 한 달 정도의 임대료에 해당하는 레이킨(사례금)을 집주인에게 지불해야 하는가?
- 건물 관리비가 임대료에 포함되었는가?
- 추가적인 중개인 수수료가 있는가?
- 임대 계약을 조기에 해지할 경우 위약금을 물어야 하는가?
- 재계약 조건과 비용은 어떠한가?

금과 인터넷 접속 비용이 포함되어 있다. 레오팔레스 아파트는 모든 시설을 갖추고 찍어낸 듯 똑같이 생긴 표준적인 아파트로, 임대료에 공과금이 포함된 경우가 많다.

게스트하우스와 레오팔레스 아파트의 편리함 중 하나는 길건 짧건 원하는 기간만큼 임대가 가능하다는 것이다. 장기 휴가 중에 호텔에 머무는 대신 레오팔레스 아파트를 한 달간 임대해 베이스캠프로 이용하는 사람이 있을 정도다. 이런 곳들은 이제 막 일본에 도착해 아직 집을 구하지 못한 사람들의 임시 거처로 유용하다.

가구

서양과 달리 일본에서는 주로 아파트가 텅 비어 있는 상태로 입주하게 되며, 간혹 조리용 레인지와 세탁기, 냉난방 겸용 에어컨이 설치된 곳이 있는 정도다. 어떤 경우건 가구와 침구는 없을 것이다. 집 꾸미기를 좋아하고 처음부터 새 마음으로 시작하려는 사람에게는 천국이 될 수 있지만 대부분의 외국인은 가구를 어디서 사고, 잠은 당장 어디서 자며, 구입한 가구를 어떻게 집으로 옮길 것인지와 같은 난관에 직면하게 된다.

그렇다. 단지 새집으로 이사하기 위해 몇 천 달러를 써버려서 거의 파산 상태인데 아파트는 텅 비어 있다. 정말이지 공허감이 밀려들 것이다. 어쩌면 평생 미니멀리스트처럼 사는 기분이 들 수도 있다. 짐 가방이 곧 이동식 옷장이 되고 테이블이 되는 상황이 발생할 수도 있다.

겨울용 난방기기

일본에 처음 오는 사람들에게 생소하고 특이하게 보일 만한 물건 중에 겨울용 난방 기기가 있다. 일본 가정집에서는 거의 중앙난방을 하지 않으며 에어컨으로 난방을 하자면 비용이 많이 든다. 그래서 대개는 당장 머무는 공간에만 난방을 하는 개별난방에 의존하는데, 이때 '코타츠'나 석유난로가 동원된다.

코타츠こたつ는 착탈식 상판이 덮인 높이가 낮은 테이블을 말한다. 대부분 가정에서 갖추고 있는 기본 품목으로, 두 가지 기능이 있다. 평소에는 평범한 티 테이블로 이용하다가 겨울에는 착탈식 상판 아래에 난로를 넣고 이불을 덮은 뒤 다시 상판을 얹어 난방 기기로 쓴다. 이불 안에 열을 가두어 발밑을 따뜻하게 데우는 방식이다. 사람들이 코타츠에 둘러 앉아 밀감을 까먹는 것은 일본에서 아주 익숙한 겨울 풍경이다. 많은 사람이 난방되지 않은 차가운 방 대신에 따뜻한 코타츠 밑에서 잠을 잔다.

한편 일본에서 스토브라고 불리는 석유난로는 가정, 학교 그리고 전통적인 상점에서 이용하는 비교적 화력이 세고 흔한

코타츠에 이불을 덮어놓은 모습.

난방 기기다. 가격이 싼 편이어서 겨울에 많은 사람이 선택한다. 이 난로도 두 가지 용도로 쓰는데, 하나는 난방기이고 다른 하나는 저열 화로이다. 어떤 집에서는 겨울에 난로 위에 냄비를 올려놓고 온종일 탕을 보글보글 끓여 저녁이 준비될 즈음이면 집안 전체가 훈훈해지고 맛있는 냄새가 진동하게 만든다. 또한 석유난로는 떡을 굽기에 충분한 발열을 하며, 많은 사람이 실내 공기가 너무 건조해지는 것을 막기 위해 그 위에 주전자나 물그릇을 올려놓기도 한다. 난로에서 나는 삑삑 소리는 대체로 연료통에 석유가 부족하거나 난로를 너무 오래 켜두었다는 신호다. 가스를 너무 많이 흡입하는 것이 걱정된다면 환기가 쉽도록 난로를 창문이나 환풍기 근처에 두도록 한다.

세탁

동네마다 대형 세탁기와 건조기를 구비한 동전빨래방과 세탁소가 있다. 가정용 세탁기에는 잘 들어가지 않는 부피가 큰 푸톤과 이불 빨래가 주로 이곳에서 이루어진다. 일본에는 정장을 입는 샐러리맨이 많아서 동네마다 세탁소가 아주 흔하다. 세탁 비용도 저렴하고 일반적으로 다음날 바로 찾을 수 있으며, 오전에 가져가면 당일에 세탁해주는 경우도 있다. 또한 도쿄에는 빨래방과 세탁소를 혼합한 형태의 서비스도 있다. 사용자가 빨랫감을 가져오면 다른 사람이 대신 세탁기를 돌리고 옷을 건조기에 넣어 말린 뒤 개켜서 나중에 찾아가도록 하는 방식이다.

집 꾸미기

재활용 센터라고 알려진 중고품 매장은 값싼 가전제품을 구입하기에 최적의 장소다. 이런 매장에서는 생산 7년을 넘긴 제품은 받지도 않기 때문에 전자 기기가 지나치게 구식일 걱정은 필요 없다. 특별히 까다로운 편이 아니라면 대형 재활용 센터를 찾는 것만으로 집에서 쓸 냉장고, 세탁기 그리고 (이미 제공되지 않았다면) 조리용 레인지 같은 기본적인 가전제품을 한 곳에서 구할 수 있다. 대도시에 사는 사람은 크레이그리스트 Craigslist 웹사이트를 훑어보는 것도 한 가지 대안이 될 것이다.

전자제품 매장은 대부분 도시에서 쉽게 찾을 수 있으며 생활에 필요한 모든 제품을 구비하고 있다. 온라인 매장에서도 경쟁력 있는 가격으로 제품을 제공하므로 찾아볼 가치가 있다. 온라인 구매의 경우 총 구입금액이 특정 한도를 넘으면 무료 배송을 해주기 때문에 매장에서 모든 물건을 직접 가져오는 것보다 매력적일 수 있다.

어떤 사람들은 일본인이 여전히 바닥에서 잠을 자냐고 내게 묻는다. 대답은 예스다. 그러나 일본인이 그러는 이유는 가난해서 침대를 살 여유가 없기 때문이 아니다. 요즘은 침대에서 자는 사람이 더 많지만 비좁은 아파트에서 생활하는 사람들에게는 '후톤布団, ふとん'이라고 하는 방석 겸 요를 사용하는 것이 공간을 절약하는 최선의 방법이다. 후톤은 사용하지 않을 때 이부자리를 개듯 접어서 한 쪽으로 치워둘 수 있기 때문에 공간 활용에 도움이 된다.

후톤은 백화점 침구 매장이나 동네 후톤 매장에서 살 수 있으며 이케아에서도 판매한다. 진드기와 곰팡이 증식을 막기 위해 주기적으로 먼지를 털어 햇볕에 말리는 것이 좋으며 베개도 마찬가지다. 오래된 아파트에는 많은 외국인에게 익숙한 형태의 옷장 대신 '오시레おしいれ'라고 하는 커다란 벽장이 있을 가능성이 있는데, 중간에 가로 칸막이가 있는 이 장 안에 주로 후톤과 침구류를 보관한다.

장식물과 식기류를 구입하기에 좋은 장소 중 하나는 어느 지역에나 있는 100엔 매장(세금 포함 108엔)이다. 큰 매장에서는 집에 필요한 거의 모든 품목을 구비하고 있어 DIY를 좋아하는 사람들은 다양한 100엔짜리 품목으로 마법을 부리기도 한다. 또한 이케아와 코스트코 애호가라면 주요 지방마다 적어도 하나 이상의 매장이 있다는 것을 알고 환호할 것이다. 백화점 매장과 더불어 무지MUJI, 니토리Nitori 같은 일본의 가구 및 생활용품 브랜드에서도 저렴하고 멋진 제품을 구할 수 있다. 일본은 또한 도처에 실내 장식품과 가구류를 파는 자카야산(잡화점)이 있어서 가히 실내장식의 천국이라 할 수 있다. 특별히 남다른 감성의 품목을 필요로 하지 않는 한 집안을 꾸밀 모든 것을 주변에서 쉽게 찾을 수 있다.

누군가의 쓰레기가 누군가에겐 보물로 발견되기도 한다. 벼룩시장은 흥미로운 보물을 건질 수 있는 훌륭한 장소다. 교토의 토지東寺 벼룩시장처럼 거의 매월 벼룩시장이 열리는 곳이 있는 반면, 도쿄에서 유명한 세타가야 보로이치 벼룩시장은 1년에 두 번(1월과 12월)만 열린다.

이사

당신이 넉넉한 이주 예산을 제공하는 회사에서 일할 행운을 누리게 된다면 전문 이사업체를 고용해 처음 1~2주 동안 필요한 물건만 담은 여행용 가방 한 개 정도를 제외한 모든 짐을 포장이사로 해결할 수 있다. 이사업체가 짐을 싸고 아파트 청소를 하고 당신이 새 아파트로 이주할 준비가 될 때까지 모든 물건을 보관해줄 것이다. 또한 이사 후 짐을 풀고 모든 것을 당신이 원하는 대로 배치할 것이다. 정말 꿈같은 소리로 들리지 않는가? 물론 가격은 저렴하지 않다.

그밖의 사람들에게 국제이사는 운송 문제로 아주 골칫거리다. 만일 아이까지 데려가야 하는데 도착하자마자 들어갈 집이 없다면 문제는 더욱 복잡해진다. 내가 해줄 수 있는 최선의 조언은 처음 2주에서 한 달간 필요한 물건만 챙기고 나머지 짐은 모두 상자에 넣어 새집에 정착한 뒤에 운송되도록 조치하라는 것이다. 보통우편은 운송 기간이 가장 길지만 대부분 국가에서 가장 저렴한 방법이다. 여름에 일본에 도착할 경우 겨울용품을 가져가는 것은 의미가 없으니 나중에 받을 수 있도록 조치하면 된다.

오사카 히메지 궁 주변은 벚꽃이 아름답기로 유명하다.

도호쿠 지방에 있는 자오 산. 주효(樹氷)라고 부르는, 눈을 뒤집어 쓴 모습이 마치 괴물 같은 나무들을 구경하러 많은 사람이 찾는 명소다.

후지 산을 배경으로 펼쳐
진 도쿄의 마천루.

MODE

アイフル
B-Three
琉球國

남규슈 최대 축제인 오하라 마츠리에서 전통 북(다이코) 공연을 펼치고 있다. 다이코는 지역마다 종류와 연주 방법이 다르다.

아사쿠사 거리의 일상 풍경. 정면에 도쿄 야경 전망대로 인기 있는 스카이트리 타워가 서 있다.

개인용 컴퓨터와 카메라, 전화, 소형 장비들을 제외하면 다른 가전제품을 일본에 가져갈 이유는 없다. 고대기도 쉽게 교체할 수 있고 가격도 비싸지 않다. 전기 어댑터와 충전기, 케이블 등도 품절된 구형 모델을 사용하지 않는 한 일본에서 대부분 구할 수 있다.

책을 가져가는 것은 중량에 따라 아주 비쌀 수 있으므로 전자책과 아주 좋아하는 책 몇 권만 가져가고 나머지는 보관해 두는 편이 낫다. 종이책을 고집하는 사람들을 위해 엄선된 영어 책과 잡지를 판매하는 서점도 몇 곳 있는데 주로 대도시에서 찾을 수 있다. 다행히 우리는 인터넷 쇼핑이 쉽고 편리한 디지털 시대에 살고 있으니 그냥 잠옷 차림으로 집에서 주문한 책이 배송되길 기다리면 된다.

반대로 일본에서 장기 체류한 후 본국으로 돌아가거나 다른 나라로 이주할 때는 일찍부터 짐을 싸야 한다. 가구 처분은 그냥 쓰레기장에 가져다버리는 것으로 끝나지 않으며 상당한 액수의 수거 비용을 지불해야 한다. 몇 년 동안 쌓아둔 옷들이며 장식품을 처리하는 것도 잊지 말자. 모든 것을 짐 가방과 상자 두어 개에 담을 수 있다면 박수를 보내고 싶다. 그렇지 않다면 선박 컨테이너에 짐 실을 공간을 구입하는 것이 한 가지 방법일 수 있다. 중량 제한이 없기 때문에 원하면 자동차도 실을 수 있다.

전기

일본에서는 100볼트 전압을 사용한다. 주파수는 지역별로 50헤르츠(간토 지방)나 60헤르츠(간사이 지방)를 사용하는데 차이를 거의 느낄 수 없다. 일본에서 구입한 모든 전자제품을 사실상 전국에서 사용할 수 있으며, 전원 소켓은 두 개의 납작한 핀이 나란히 배치된 2 플랫핀 타입을 이용한다. 일본보다 높은 전압에서 사용하는 제품을 가져갈 경우 아마 한참 느리긴 해도 작동은 될 것이다. 어쨌건 플러그를 꽂기 전에 어댑터를 확인하시라. 전자제품 매장에서 변환 플러그와 변압기를 쉽게 구할 수 있다.

아이 돌보기

일본에서는 아이를 봐주는 학생을 찾기가 무척 어렵다. 고등학생이건 대학생이건 그 나이에 동생을 돌보는 법을 배우지 않기 때문이다. 학교 공부와 방과 후 클럽 활동이 학생들의 시간 대부분을 차지하고 있기 때문에 많은 가정에서 학생들에게 아이 보기는 물론이고 쓰레기 버리기 같은 간단한 일도 맡기지 않는다. 그렇다고 노련한 보육 전문가에게 맡기려면 비용이 만만치 않다. 많은 보육 서비스는 등록 및 연회비가 요구되며, 'Babysitters.jp'는 일본 대도시에서 영어로 말하는 보육 서비스를 제공한다.

교육 문제

유치원과 어린이집

너무 어려서 초등학교에 다닐 수 없는 아이를 맡기는 데는 두 가지 대안이 있다. 유치원과 어린이집이다. 취학 1년 전 아이들을 대상으로 하는 서양 유치원들과 달리 일본 유치원은 대여섯 살 정도 아이들을 위한 시설이다. 이곳의 일과는 다른 나라 유치원들과 별반 다르지 않으며 유아용 게임과 기초학습으로 이루어진 가벼운 교육 과정을 제공한다. 일부 고급 사립 유치원을 제외하면 교복은 없지만 보통은 노란 모자와 덧옷을 입힌다. 아이들이 노란 모자를 쓰는 이유는 운전자들의 눈에 쉽게 띄기 위해서다. 많은 유치원이 아이들을 인근 공원으로 데리고 나가서 계절별로 다양한 꽃과 색감을 즐기게 한다.

유치원 입학은 크게 경쟁적이지는 않지만 몇몇 '명문'이라고 불리는 유치원, 특히 초중고등학교와 대학까지 같은 재단에 속한 유치원들은 입학 시험이 있다. 아이들이 색을 얼마나 잘 인식하고 다양한 형태를 구분할 수 있는지 등을 시험한다.

유치원은 일반적으로 좋은 경험일 수 있지만 주로 오후 3시면 문을 닫기 때문에 맞벌이 부부에게는 현실적 대안이 아니다. 이 경우 모든 미취학 아동에게 개방된 어린이집을 이용할 수 있지만 괜찮은 어린이집을 구하기란 하늘의 별 따기이며, 이는 일본에서 출산율이 낮은 이유 중 하나로 꼽힌다. 어린이집을 선택할 때는 질, 가격, 편의성을 모두 고려해야 하는데 집 가까운 곳에서 모든 조건을 충족하는 시설을 발견한다면 정말 감사할 일이다.

어린이집은 공립, 허가받은 사립, 무허가 사립, 이렇게 세 종류가 있다. 공립 어린이집은 가족의 소득에 따라 가격이 매겨지기 때문에 저임금 가정에는 아주 유용한 반면 고임금 가정에는 골칫거리다. 공립 어린이집과 허가받은 사립 어린이집 모두 교사-아동 비율을 포함해 많은 면에서 엄격한 규제를 받는다. 문제는 어린이집이 충분하지 않다는 것이며 공립은 특히 그렇다. 많은 어린이집에 대기자 명단이 있으니 현재 임신 중이어서 곧 어린이집이 필요해질 상황이라면 당장 명단에 이름을 올리는 것이 좋다.

이런 수요와 공급의 간극을 메우기 위해 가장 흔한 형태인 무허가 사립 어린이집이 존재한다. '무허가'라는 말이 꺼림칙하게 들리겠지만 사실 이런 곳들은 긍정적인 면과 부정적인 면이 동시에 있다. 긍정적인 점은 교사들이 번거로운 정부 규제에 제재 당하지 않고 자유롭게 적절한 활동을 할 수 있다는 것이며, 부정적인 점은 교사-아동 비율이 적당하지 않을 수 있다는 것이다. 반대로 공립 어린이집은 조금 느슨한 측면이 있다. 교사들의 일자리가 보장되기 때문에 아무래도 사설 어린이집 교사들에 비해 열성적이지 않다는 것이 중론이다.

한편 일본에서 어린이집을 찾는 부모들은 다음과 같은 질문을 염두에 두어야 한다.

- 시설의 명성은 어떠한가? 단지 이름뿐 아니라 아이들을 돌보는 데 있어서의 명성까지 생각한다.
- 교사와 특히 원장이 친절한 태도를 보이는가?
- 교사-아동의 비율은 적절한가?
- 1년 동안 다양한 활동을 제공하는가?

일본의 다른 학교들과 마찬가지로 어린이집도 운동회와 학예회를 비롯해 다양한 행사를 연다. 아이를 어린이집에 등록시키면 다른 것은 몰라도 아이가 일본어를 얼마나 빨리 배우는지에 깊은 인상을 받을 것이다.

학교

일본에는 공립학교와 사립학교가 있다. 모든 공립학교와 대부분의 사립학교는 문부과학성에서 교육기관으로 허가를 받은 곳들이다. 문부과학성은 교육의 기본 목적과 교육 과정을 제시하고 교과서를 승인하는 정부 부처로 오랫동안 학교에 강력한 영향력을 행사해왔다. 그러나 적어도 고등학교까지는 지역 교육위원회와 학부모가 교육 과정과 관련해 어느 정도의 영향력을 갖고 있다.

교육 과정은 초등학교 6년과 중학교 3년, 고등학교 3년으로 나뉜다. 초등학교와 중학교 학생들은 집에서 가까운 학교에 다닌다. 초등학생들은 학교까지 걸어서 다니는 반면 중학생들은 선택에 따라 자전거를 타고 등하교할 수 있다. 일반적으로 원하는 고등학교에 입학하기 위해서는 배치고사를 치러야 하며, 인기 있는 학교는 통학에 한 시간 이상 걸리기도 한다. 일본에서 의무교육은 중학교까지지만 거의 모든 학생이 고등학

© Stephane Bidouze

일본의 초등학생들은 교복을 입는다.

교에 진학한다.

고등학교 다음에는 다양한 2년제 전문대학과 4년제 대학, 6년제 의과대학 그리고 박사학위를 따기 위한 많은 대학원 과정이 있다.

일본에서는 많은 중학생이 입시학원에 다닌다. 학원 강사들은 학생들의 학교 공부를 도와주고 다양한 과목을 수업한다. 고등학생을 위한 학원은 대학입시 준비에 집중되는 경향이 있다. 좋은 학습 분위기 때문에 (그리고 어쩌면 많은 친구들이 같은 학원에 다니기 때문에) 많은 학생이 적지 않은 돈을 내고 학원에 다닌다.

학년은 일반 회사의 회계연도와 마찬가지로 4월에 시작해 이듬해 3월에 끝난다. 한 해의 4월 1일과 다음 해의 3월 31일 사이에 일곱 살이 되는 아이는 초등학교 1학년에 등록하게 된다. 월반을 했다는 경우는 들어본 적이 없으며 마찬가지로 유급을 당하는 일도 없다.

'이지메'라고 하는 왕따 문화는 일본 학교에서 심각한 문제를 낳고 있다. 학생 집단이 자신들과 다르다고 생각하는 특정 학생을 지목해 괴롭힌다. 조롱하고 따돌리고 신체적으로 학대하고 종종 갈취까지 한다. 비극적인 경우 왕따로 인한 사망사고가 발생하기도 하는데 보통은 피해자가 자살을 한다.

은행

일본에서 은행에 가는 것은 성격이 급하거나 조바심이 많은 사람에게는 썩 유쾌한 일이 아니다. 은행 업무에 시간이 많이 걸리기 때문에 창구에서 볼 일이 있다면 적어도 한 시간 이상

소비할 것을 예상해야 한다. 기본 절차는 이렇다. 해당되는 양식을 작성한 뒤 번호표를 뽑고 번호를 부를 때까지 기다렸다가 창구로 가서 기입한 양식과 통장을 다른 번호표와 교환하고 다시 자리로 돌아와서 이름과 번호를 한 번 더 부를 때까지 기다린다. 보통은 창구 바깥에 있는 은행 직원이 고객들의 양식 작성을 도와주고 번호표 기계를 눌러주고 때로는 신용카드를 홍보하기도 한다.

이때 통장이나 신분증에 있는 이름을 똑같이 쓰는 것이 중요하다. 마침표를 하나 더 찍거나 대소문자를 바꿔 쓰거나 이름을 다른 순서로 쓰면 처음부터 다시 시작해야 한다. 내 경험을 말하자면, 이름 쓰기가 그렇게 힘든 일인 줄 예전에 미처 몰랐다. 설상가상으로 통장에 인쇄된 이름이 무엇인지 떠오르지 않아 고역을 치르기도 한다. 통장에 이름을 로마자로 썼는지, 아니면 가타카나로 썼는지가 헷갈리는 것이다.

사람들은 대부분 보통예금 계좌 하나로 거래한다. 계좌를 개설할 때 신분증을 보여줘야 하는데 보통은 체류 카드면 되지만 만약에 대비해 여권도 가져가는 것이 좋다. 은행에서는 통장을 개설하면서 고객이 원하면 ATM 카드도 만들어준다. 은행들 간에 상호협약을 맺어 고객이 ATM 카드 하나로 타행 예금도 인출할 수 있다. 이 경우 대개 수수료가 붙지만 그렇지 않은 은행도 있으니 먼저 알아보도록 한다. 또한 창구에서 현금을 인출할 때는 인감이나 도장이 필요 없지만 기왕에 가지고 있다면 챙겨가서 손해 볼 것 없다.

온라인 뱅킹은 대개 은행 지점에서 신청하고 사용자명과 비밀번호를 메일로 받게 되어 있다. 이는 편리함을 추구하는 온라인 뱅킹의 목적에 맞지 않아서 서구의 나라들만큼 인기가

도장과 인감

도장은 작은 원통형 나무나 플라스틱 또는 상아의 한쪽 단면에 이름(또는 회사명)을 새긴 물건이다. 이름이 새겨진 면을 인주에 누른 뒤 공식 문서에 찍는다. 거리에 도장 가게가 많고 보통 2000~3000엔이면 금방 만들어준다. 이름을 새길 때 가타카나나 한자를 선택해서 새길 수 있으며, 한 번 만들어두면 은행에서 계좌를 개설하거나 출금하거나 임대 계약을 맺을 때 다양하게 사용할 수 있다.

한편 인감은 구청이나 시청에서 공식적으로 등록한 도장을 말한다. 이것은 여권이나 체류 카드 같은 공식적인 신원 증명 문서에 적힌 로마자 이름으로만 만들 수 있다. 등록된 인감은 인감증명서와 함께 안전한 곳에 보관해야 하며 주로 자동차나 부동산을 구입할 때 사용한다. 혹시 분실했을 경우 다른 인감을 등록하면 된다.

청구서 지불

공과금이나 기타 청구서 납부는 우체국, 은행, 편의점에서 할 수 있다. 또한 가스, 전기, 전화, 휴대전화 요금 등은 계좌 자동이체를 신청해 놓으면 편리하다. 은행에서 양식을 기입해 제출하기만 하면 자동이체가 된다. 이때 이름을 올바른 순서로 썼는지 잊지 말고 확인하자.

없다. 계좌 이체는 ATM 기계나 창구에서, 또는 은행을 오가며 물리적으로 돈을 옮기는 방식으로도 할 수 있다.

사람들은 대개 업무용과 개인적인 예금 계좌를 하나씩 가지고 있으며, 주로 집에서 가까운 은행과 직장에서 거래하기 편리한 은행을 거래은행으로 결정하는 편이다. 한편 전국에서 찾을 수 있고 이용 시간도 편리한 우체국 ATM을 이용하기 위해 일부러 우체국은행 예금계좌를 만드는 사람도 많다. 대부분 은행의 ATM과 달리 우체국 ATM에서는 주말과 휴일, 심야에 현금을 인출해도 수수료를 부과하지 않는다. 한편 해외에서 발행한 신용카드로 현금을 인출할 경우, 전국의 모든 세븐일레븐 편의점과 AEON 체인 슈퍼마켓, 우체국은행의 ATM을 이용하면 된다.

화폐

일본의 통화는 엔이다. 지폐는 10000엔 권, 5000엔 권, 1000엔 권이 있다. 2000엔 권 지폐는 그리 흔하지 않은데 제26차 G8 정상회담과 밀레니엄을 기념해 발행되었으며 오키나와 슈리 성의 정문인 슈레이몬 그림이 그려져 있다. 동전은 500엔, 100엔, 50엔, 10엔, 5엔, 1엔짜리가 있고 50엔과 5엔짜리 동전은 특이하게 중앙에 구멍이 나 있다.

관광객들은 쇼핑할 때 면세 적용 상점에서 세금별도 가격으로 5000엔 이상의 물건을 사면 면세 혜택을 받을 수 있다. 환급 절차는 대부분 상점 계산대에서 이루어지며, 관광객은 유효한 임시 관광 비자와 여권을 제시해야 한다. 면세를 받았으면 영수증을 여권에 붙여서 출국할 때 세관에 제출해야 한다. 면세 프로그램에 대한 추가적인 정보는 JNTO 웹사이트(https://tax-freeshop.jnto.go.jp/kor)에서 찾을 수 있다.

우편 서비스

일본의 우편 서비스는 아주 효율적이다. 우편물 배송은 하루에 약 두 번, 택배는 하루에 한 번 이루어진다. 수취인이 부재중이어서 소포가 배달되지 못한 경우 통지서를 우편함에 남기면 수취인이 이를 보고 온라인이나 전화로 편리한 시간에 재배달을 신청할 수 있다. 우체국 우편은 제1종 우편과 국제 소포(항공편, 선편, 혼합), 국제특급우편(EMS) 등 몇 가지 종류가 있다. EMS는 특정 국가에 국제 소편을 보낼 때 가장 빠르고 저렴한 방법이며 무료 배송추적 서비스까지 제공한다.

● **우편 요금**

국내 엽서	52엔
국내 우편(첫 25그램까지)	82엔
국제 엽서	70엔
국제 우편(첫 25그램까지)	아시아 90엔, 남미와 아프리카 120엔, 기타 110엔

쇼핑

최근 몇 년 간 유니클로가 전 세계 시장에 진출해 많은 사람이 이 브랜드에 대해 들어보았을 것이다. 일본에서 유니클로는 해외와 비교해 저가 브랜드다. 많은 옷장 속 품목들을 유니클로나 G.U., 시마무라 같은 유사 브랜드에서 찾을 수 있으며, 최신 길거리 패션은 대도시와 온라인 매장에서 만날 수 있다. 인기 있는 패션 브랜드로는 빔스, 쉽스, 유나이티드 애로즈, 투모로우 랜드 등이 있다. 평균적인 일본인보다 키나 몸집이 큰 편이라면 몸에 잘 맞는 옷을 좋은 가격에 사기는 어려울 수 있으며, 괜찮은 제품을 찾아도 선택과 디자인에 제약이 따를 것이다.

전자제품

일본의 전자제품 매장에서는 필요한 모든 것을 구할 수 있

소비세

(다른 나라에서 GST 또는 VAT로 알려진) 소비세는 현재 8%로 정해져 있으며 2019년에 10%로 인상할 계획이다. 많은 상점에서 두 가지 가격을 붙여놓는데, 낮은 쪽은 세금별도 가격(税抜, 제이누키)이고 높은 쪽은 세금포함 가격(税込, 제이코미)이다. 최종 가격을 보려면 후자를 확인해야 한다.

다. 원하는 제품의 이름만 대면 직원이 찾아다 줄 것이다. 만일 매장에서 그런 것이 없다고 말한다면 십중팔구 당신이 정확한 명칭을 모르는 것뿐이다. 대형 전자제품 매장은 제조사가 이미 제공한 품질보증 외에 자체적인 보증도 해준다. 신학기와 신년 초에는 사람들이 인생의 새로운 장을 시작하는 데 필요한 백색가전 세일 행사를 진행한다.

식료품점

사람들은 대개 슈퍼마켓에서 식료품 쇼핑을 한다. 신선한 식품을 먹기 위해 며칠 분만 구입하고 자주, 때로는 매일같이 장을 보는 편이다. 과일은 주로 계절과일이 잘 팔리며 평범한 외국인의 기준으로는 조금 비싼 편이다. 식품은 소량씩 포장되어 있고 가장 용량이 큰 액상 제품이 1리터들이 수준이다. 슈퍼마켓에서는 신선식품과 냉동식품 외에 도시락, 샐러드, 튀김, 다양한 곁들임 요리처럼 조리 없이 바로 먹을 수 있는 식품들도 판매하는데, 이런 품목은 마감 한 시간 전 쯤에는 원가의 20%에서 최대 절반까지 할인된 가격으로 구입할 수 있다.

대부분 동네에 있는 쇼텐가이(상점가)에 가면 가족이 운영하는 소형 매장들도 찾을 수 있는데 이런 상점은 생선 가게, 정육점, 청과물점 등 특정 제품을 전문으로 취급하는 경향이 있다. 대중적인 외국 식품은 일반 슈퍼마켓에도 있지만 좀 더 '이국적인' 품목을 찾으려면 대형 백화점 내의 마트나 칼디 같은 국제 식품 매장으로 가야 한다. 일본에 20여 개 매장을 둔(대부분 간토 지방에 집중되어 있다) 코스트코에서는 대용량 식품을 합리적인 가격에 제공한다.

계산원들은 고객이 구매한 품목 하나하나를 스캔하면서 호명한다. 고객이 이를 듣고 제대로 된 제품을 가져왔는지 재확인하라는 취지이지만 사실 그 소리를 듣는 사람은 없어 보인

와사비

와사비(고추냉이)는 스시 집에서 자주 볼 수 있기 때문에 많은 사람이 와사비 하면 스시를 떠올린다. 회전초밥 집이나 저렴한 초밥 집에 있는 와사비는 분말로 만든 것이 많은데, 시장에 가면 신선한 생와사비를 구입할 수 있다. 일본 사람들은 이런 생와사비를 구입해 직접 갈아서 먹는데 이때 상어껍질 강판을 사용하는 것이 가장 이상적이라고 한다.

© picturepartners

와사비 농가에서 판매되는 생와사비

다. 한편 슈퍼마켓에서는 비닐봉지 사용에 별도 요금을 부과하고 있으므로 장바구니를 가져가면 몇 엔 정도 절약할 수 있다. 생활용품 천국인 일본에는 아주 작게 접혀서 휴대하기 좋고 디자인도 예쁜 장바구니 제품이 많이 나와 있다.

보건의료

의료보험

당신이 만약 어떤 회사나 기관의 정규 직원이라면 고용주가 자동으로 켄코 호켄(건강보험)에 가입시킬 것이며, 비슷한 보험을 원하는 자영업자는 코쿠민 켄코 호켄(국민건강보험)에 가입할 수 있다. 두 가지 의료보험 모두 의료비의 최대 70%까지 국가에서 보장하고 나머지 30%는 본인이 부담한다. 보험에 가입하면 의료보험 카드를 발급해주는데, 병원에 가서 이 카드를 보여주면 국가보장 금액을 제한 환자 부담금만 의료비로 청구된다.

처음에 아파서 병원을 찾을 때는 사전 예약이 필요하지 않지만 이후 진료부터는 예약이 필수다. 보통은 진료를 마친 후 다음 진료 예약을 잡는다. 일본에서 의약품과 치료제의 사용 용량은 대체로 다른 나라에서보다 적은 경향이 있다. 감기에 걸렸을 때 비타민이 포함된 약을 처방해도 놀라지 마시라.

치과 치료도 의료보험으로 보장되지만 스케일링과 예방 치료는 예외다. 대부분의 치과병원은 환자를 병원에 두 번 방문하게 함으로써(한 번은 치과 치료를 위해, 한 번은 스케일링과 후속 치료를 위해) 애매한 문제를 피해간다.

약국

일본 약국에서는 의약품뿐 아니라 각종 가정용품을 판다. 약국에는 약사가 있을 수도 있고 그렇지 않은 경우도 많으며, 약국에서 파는 약은 대체로 처방전이 필요 없는 것들이다.

교통

전철은 도시에서 가장 흔한 통근 수단이다. 두 번째는 자전거, 세 번째는 버스다. 대부분 회사는 직원들에게 교통비를 지급한다. 회사원들은 보통 직장 가까이에서 살지 않고 평균 통근 시간이 1시간 정도 걸리며 주로 전철 정기 승차권을 끊어서 이용한다.

자전거

자전거는 집과 전철역 사이를 오가거나 상점에 갈 때, 간단한 심부름을 할 때처럼 짧은 거리를 이동하는 수단이다. 일본 거리 어디에서나 자전거 주차장을 쉽게 찾을 수 있으며 소액의 요금을 받거나 무료인 곳도 많다. 가장 흔히 볼 수 있는 자전거는 마마차리ママちゃり라고 부르는 앞에 바구니가 달린 형태다. 통근과 장보기용으로 거의 모든 사람이 이용한다. 전기로 작동되는 고급형 마마차리도 있는데, 특히 다섯 살 미만의 아이 둘에 식료품까지 싣고 시내를 누벼야 하는 엄마들에게 아주 유용하다. 일본에서 자전거를 탈 때 헬멧은 필수가 아니다. 단, 자전거를 소유하고 있다면 자물쇠를 채우는 것을 절대 잊지 마시라! 일본은 범죄율이 낮지만 우산과 잠가두지 않은 자전거는 자주 도난당한다.

© MAHATHIR MOHD YASIN

자전거 하나로 아이들을 통학시키고 장도 보는 주부들.

자동차

자동차는 일본에서 상대적으로 가격이 저렴한 편이지만 구입 전에 많은 서류와 지역 경찰서 방문 등의 귀찮은 절차가 필요해서 꺼리는 사람이 많다. 주소지 증명과 주차공간 증명은 자동차 등록을 위해 필요한 서류의 일부에 불과하다. 그래도 자동차를 구입하려 한다면 자동차 경매나 야후 경매, 자동차 딜러나 중고차 매장, 혹은 지인에게 구입하는 등 다양한 방법이 있다.

새차가 아닌 이상 모든 자동차는 주행안전성을 확인하기 위해 2년에 한 번씩 정기검사를 받아야 한다(새차는 처음 3년 동안은 자동차 검사에서 면제된다). 이를 위해 차 소유주는 2년마다 자동차 검사 수수료를 내야 하며 매년 5월에 도로세도 지불한다. 이런 비용들은 자동차 연식과 오염 배출량에 따라 결정된다.

자동차를 구입하는 대신 장기 리스를 이용할 수도 있는데, 이 경우 믿을 수 있는 지인에게 적당한 사람을 소개받는 것이

일본에서 운전하기

자동차를 렌트하려면 본국에서 발급받아 온 국제운전면허증이 있어야 한다. 국제운전면허증의 유효 기간은 단 1년이며 그 후로 계속 운전하려면 일본 면허증으로 전환해야 한다. 호주와 오스트리아, 미국의 메릴랜드, 벨기에, 영국, 캐나다, 체코, 덴마크, 핀란드, 프랑스, 독일, 그리스, 네덜란드, 아이슬란드, 아일랜드, 이탈리아, 한국, 룩셈부르크, 모나코, 뉴질랜드, 노르웨이, 포르투갈, 슬로바키아, 스페인, 스웨덴, 스위스, 대만에서 온 경우 운전면허 전환 과정은 간단하다. 일본자동차연합에 운전면허증 번역을 의뢰한 뒤 번역본과 원본을 운전면허 센터로 가져가서 일본 운전면허를 발급받으면 된다. 그 밖의 나라에서 온 사람들은 필기시험과 실기시험을 모두 합격해야 운전면허를 딸 수 있다. 필기시험은 별로 어렵지 않지만 실기시험은 무척 엄격해서 합격률이 20% 미만이며 대부분은 두 번 이상 시험을 치르고서 합격한다.

좋다. 리스 비용에는 차 대여료뿐 아니라 타이어 교체와 기본 정비 등을 위한 모든 유지비가 포함되기 때문에 오래 체류할 경우 리스가 더 저렴한 대안일 수 있다. 자동차 리스를 하면 예기치 못한 돌발 상황도 더 적다.

열차

열차는 중추적인 교통수단이며 일본의 철도망은 세계 어디에도 뒤지지 않는다. 낭만적인 지역 노선들은 숲과 꽃밭을 통과하고 강을 건너 조용하고 목가적인 마을이 군데군데 펼쳐진 깊은 시골로 들어간다. 신칸센은 시속 300km 이상의 속도로 불과 몇 시간 만에 많은 산과 넓은 들판을 통과한다.

복잡한 도시 철도망은 처음에는 조금 헷갈릴 수 있지만 며칠 이용해 보면 익숙해질 것이다. 조금만 노력하면 당신도 현지인들처럼 빠듯한 시간 동안에 무표정한 얼굴로 스마트폰을

열차는 일본 열도를 모두
잇는 중추적인 교통수단
이다.

© Wiennat M

일본의 도시 철도망은 매우 복잡하지만 익숙해지면
도시 구석구석으로 빠르게 이동할 수 있다.

들여다보며 앞에 있는 수많은 사람을 요리조리 피해 적절한 플랫폼으로 이동해 열차를 타는 신공을 발휘할 수 있다. 장담하건대 지도에서 보는 것만큼 어렵지 않다.

일본에는 '덴샤 오타쿠' 또는 '텟짱'이라 부르는 철도 광이 많은데 다 같은 부류는 아니다. 열차시각표나 기차역에 집착하는 사람이 있는가 하면, 열차 타는 것을 좋아하는 사람도 있고, 모든 기차 모델을 구분할 수 있는 사람이 있는가 하면, 복고풍의 비전기식 기차만을 찾아다니는 사람도 있다. 그러나 관심사가 무엇이건, 카메라를 들고 플랫폼 끝에 서서 다음에 지나갈 열차 사진을 찍을 준비를 하는 철도 광들의 모습을 전국 어디서나 볼 수 있다.

신칸센

고속열차인 신칸센은 가장 빠른 도시 간 이동수단이다. 아침 열차는 대개 통근자들이나 출장을 가는 사무직 직원들로 가득하지만 대도시 사이를 오가는 여행자들에게도 아주 편리하고 인기가 높은 교통수단이다. 현재 노조미 신칸센을 타면 도쿄에서 오사카까지 2시간 반이 걸리는 반면 가장 느리고 저렴한 고다마 신칸센을 타면 4시간쯤 걸린다. 규슈에서 홋카이도까지 2300km가 넘는 여정을 고속열차로 이동하는 것도 가능한데 가장 빠른 열차들을 잘 환승해서 가면 약 12시간이 걸린다.

도쿄와 오사카를 연결하는 새로운 자기부상 열차 노선인 주오 신칸센의 일부가 2020년에 개통될 예정이다. 전체 구간은 2045년에 완공되며, 이 열차를 이용하면 도쿄-오사카 간 최단 이동거리가 현재의 2시간 반에서 불과 50분으로 단축될 것이라고 한다.

통신

2015년부터 일본은 심 카드가 장착되지 않은 휴대전화(언락폰)를 판매해 이제 어느 통신사의 심 카드로도 전화를 이용할 수 있게 되었다. 전화기가 특정 통신사에 고정되어(locked) 사용자가 같은 통신사를 고수해야 하고 만약 통신사를 변경하려면 새 전화기를 구입해야 했던 과거와는 현격하게 달라졌다. 이제 일본에서는 고객의 선택에 따라 저렴한 가격에 락폰을 사거나 조금 더 비싼 언락폰을 살 수 있다.

일본에서 판매되는 모든 휴대전화는 락폰이건 언락폰이건 카메라 소리를 끄지 못한다는 특징이 있다. 또한 현지에서 구입한 전화에는 대규모 지진이 닥치기 몇 초 전에 크고 위협적

휴대전화 예절

일본 사람들은 대개 휴대전화를 진동 모드로 설정해놓기 때문에 특히 전철 안에서 누군가의 전화벨이 울리는 소리를 듣기가 흔치 않다. 전철 안에서 통화하는 일도 거의 없는데, 불가피하게 전화를 받아야 할 경우 문가에서 작은 소리로 받고, 고속열차를 타고 있을 때는 칸과 칸 사이 통로 공간으로 이동해서 받는다. 나는 물론 전철 안에서 휴대전화 소음이 전무하다는 점에 감사하면서도, 가끔은 조용히 통화하는 것이 동석한 친구와 조용히 얘기를 나누는 것과 대체 뭐가 다른지 궁금한 생각이 든다.

인 소리를 내는 지진 경보 장치가 내장되어 있고, 해외에서 구입한 전화를 사용할 경우에는 지진 경보 앱을 다운로드해서 쓸 수 있다. 이 경보 시스템은 사용자의 현재 위치에 따라 작동하며 항상 100% 정확한 것은 아니다. 경고음이 울려서 모두들 잔뜩 긴장했는데 아무 일도 일어나지 않는 경우가 종종 있다. 특히 경고음이 너무 자주 울릴 경우 사람들이 질색하기도 한다.

휴대전화에 가입하는 것은 어렵지 않다. 일본에는 NTT 도코모, AU, 소프트뱅크, 이렇게 3개의 대형 통신사가 있다. 후불제 전화는 어느 통신사 대리점에나 찾아가서 가입을 원한다고 말하면 바로 개통해준다. 선불카드는 데이터 전용 또는 음성 · 데이터 공용을 선택한 다음 온라인에서 구입해 배달받아 쓰거나 전자제품 매장에서 직접 보고 구입할 수도 있다(선불카드는 대체로 언락폰과만 호환 가능하다). 선불제와 후불제 중 어느 것이 적합한지는 일상적인 사용 용도에 따라 다르다.

인터넷

집에 인터넷을 설치하는 것은 우순순위 목록에서 꽤 높은 위치를 차지한다. 기존에 연결된 회선이 없을 경우, 신청 후 연결까지는 2주에서 길게는 한 달 정도 걸린다. 작업자의 방문 전에 인터넷 회사에서 미리 라우터와 이더넷 케이블 등 필요한 하드웨어를 우편으로 보낼 것이다. 그러면 약속한 날에 작업자가 집으로 찾아와 물리적으로 회선을 끌어다 연결해준다. 회선이 들어오고 라우터를 연결하면 준비가 된 것이다.

인터넷 설치를 기다리는 동안은 무료 와이파이를 제공하는 맥도널드와 스타벅스 같은 곳에서 인터넷을 이용하거나 무료 와이파이를 제공하는 지역 카페를 단골로 삼아도 좋다.

집에 광대역 또는 광섬유 케이블을 연결하기보다 휴대용 와이파이 기기를 선호하는 사람들을 위해 이동통신사에서 휴대용 와이파이도 판매한다. 그러나 휴대용 와이파이 기기는 모바일 네트워크를 이용하며, 신호가 잡히지 않는 음영 지역에서는 작동하지 않는다는 점을 기억해야 한다. 또한 휴대용 와이파이는 최고속도가 1Gbps에 이르는 가정용 인터넷만큼 빠르지는 않다.

재난 대비

일본은 지진 활동이 활발해 항상 비상 상황에 대비하는 것이 상책이다. 역사적으로 100년에서 200년에 한 번씩 대지진이 일본의 다양한 지역을 강타했으며 발생 가능성은 어디에 살고 있는지에 따라 다르다. 예를 들어 도쿄에 대지진이 발생한 지 160년이 지났으니 향후 40년 이내에 이곳에 대형 지진이 닥칠 가능성이 있다고들 이야기한다.

각 현마다 방재 센터가 있어 이곳에서 지진, 강풍, 폭우 등 일본에서 일어날 수 있는 다양한 재난을 시뮬레이션으로 경험하고 소방에서 심폐소생술에 이르기까지 다양한 대응 기술을 익혀두면 좋다. 방재 센터는 대개 무료 입장이지만 영어 설명은 제공되지 않거나 제한적일 수 있다.

새집에 이사를 가자마자 가장 먼저 할 일은 가까운 대피소와 대피 구역이 어디이며 그곳에 어떻게 가는지 알아보는 것이다. 대체로 학교와 주민 센터가 집이 파괴된 사람들이나 이재민들이 밤을 보낼 수 있는 대피소 역할을 하며, 대피 구역은 주로 떨어지는 물체에 맞을 가능성이 낮은 공원이나 운동장처럼 개방된 공간에 있다.

도쿄 정부는 영어로 〈Tokyo Bousai〉(도쿄 방재)라는 제목의 매뉴얼을 발행하고 있으며 온라인에서도 찾아볼 수 있다(www.metro.tokyo.jp/KOREAN/GUIDE/BOSAI). 이 편리한 안내서에는 생존 배낭을 싸는 방법과 유용한 구명 기술이 담겨 있다. 일본 어디에서 살건 실용적인 도움이 될 것이다.

재난 후에는 통신 혼잡이 빚어지는 경향이 있지만 전화 외에 인터넷은 여전히 사용 가능한 경우가 많다. 일본의 대형 통신사들은 재난 중에 누구나 가족에게 연락할 수 있도록 통신망을 무료로 개방하고 있다. 또한 최근에는 소셜미디어가 전 세계에서 발생한 재난 대응에 큰 역할을 하고 있는데, 재난이 났을 때 소셜미디어에 소식을 올리면 가족에게 자신의 안전을 알리는 가장 빠른 수단이 될 수도 있다.

응급 사태에 대비하기

집에는 항상 비상 비축품과 함께 대피가 필요할 때 바로 들고 나갈 수 있는 생존 배낭을 준비하는 것이 좋다. 비축품으로는 식수와 화장실용 물, 보존성이 좋고 조리가 필요 없는 비상식량 등이 포함된다. 가족 전원이 최소 일주일을 버틸 수 있을 만큼 충분한 양을 비축해야 한다. 생존 배낭은 접근이 쉽고 빠르게 들고 나갈 수 있는 상태로 보관하며 식량, 물, 보호구 및 개인용품을 넣어둔다. 혼자 옮기기 불가능할 만큼 많은 것을 담아서는 안 되며 가까운 대피소에서 당장 사용할 정도의 양만 싸도록 한다. 식료품은 1인당 최소 하루 이상은 버틸 수 있어야 한다.

재난 방지 설계

일본의 현대식 건물들은 지진을 견디기 위해 일정량의 흔들림을 허용하는 자재를 포함해 내진 설계가 되어 있다. 집이 흔들리기 시작할 때 물건이 위에서 떨어지는 것은 생각만 해도 끔찍하다. 가구를 단단히 고정시켜 소지품에 의한 부상이 없도록 해야 한다. 선반과 옷장은 벽에 고정시키고 개방된 공간에는 미끄러져 깨지기 쉬운 물건을 가급적 두지 않는다. 캐비닛과 서랍 문도 단단히 고정해 내용물이 쏟아져 나오는 일이 없도록 한다.

또한 가스와 수도 밸브, 회로 차단기가 어디에 있는지도 알아두어야 한다. 집에서 대피할 때 이런 밸브와 차단기를 꺼두었다가 무사히 돌아와서 다시 켜는 습관을 들이면 가스 누출과 화재 위험을 줄일 수 있다.

6

일본 음식

"주인장, 국물을 먼저 먹을까요, 면을 먼저 먹을까요?"

– 〈담뽀뽀〉, 1985년 영화

일본 음식은 놀랍다. 여기에는 의심의 여지가 없다. 가장 저렴한 가판대에서도 맛있는 음식을 내놓고 미슐랭 별점을 받은 유명 식당에서는 식사와 함께 견문을 제공한다. 수많은 지역 특산 음식과 진미가 있으며 어느 지역 사람에게 물어보건 모두들 자기 고향 음식이 최고라고 주장할 것이다.

적은 예산으로 일본을 여행할 때도 놀라운 음식을 맛볼 수 있다. 규동 식당 체인점은 술을 마시다 지친 사람들을 위해 새벽 3시에도 맛있는 밥과 쇠고기를 제공한다. 동네 편의점에서도 당신이 맛보고 엄지를 치켜세울 만한 신제품을 출시한다. 또한 언뜻 줄이 짧아 보이는 녹차 아이스크림 가게에 들어가려다가 직원이 들어오지 못하게 막아서며 사실은 대기 줄이 한 블록 밖까지 이어져 있으며 대기 시간은 한 시간쯤 걸릴 것이라고 말하는 소리를 듣기 일쑤다. 이렇게 되면 그 아이스크림은 꼭 맛봐야 한다. 그뿐인가. 패스트푸드 체인점에서 할로윈데이를 겨냥해 호박과 초콜릿 소스 튀김을 조합한 특이한 제품을 출시해 시골에서도 그것을 맛볼 수 있다. 그렇다. 일본에서는 어디서나 식도락을 즐길 수 있다.

도쿄와 오사카는 언제나 맛의 고장으로 1~2위를 다툰다. '도쿄 음식이 오사카보다 좋다'는 표현에 대한 많은 논쟁이 있다. 내 의견은 이렇다. 도쿄는 전국을 넘어 전 세계에서 건너온 최고의 음식과 식당을 찾을 수 있는 고급 푸드코트와 같다. 반면 오사카는 어디에도 빠지지 않을 놀라운 현지 음식을 내놓는 지역 부엌과 같다. 물론 교토에 대한 특별한 언급 없이 도쿄와 오사카를 논할 수는 없다. 교토 음식은 재료 본연의 맛이 살아 있는 깔끔하고 미묘한 풍미를 지녔다.

대표적인 음식

스시는 세계에 가장 잘 알려진 일본 음식이다. 스시가 인기 음식인 것은 사실이지만 결정적인 일본 음식이라고 주장하기는 어렵다. 전 세계에서 스시 전문점을 찾을 수 있으며 내 경우는 얼마 전에 (대서양 북단 영국과 아이슬란드, 노르웨이 중간에 위치한) 페로 제도에 생긴 제1호 스시 바에도 가봤다. 그런데 사람들로 하여금 스시를 자꾸 찾게 만드는 비결은 무엇일까? 관광객들에게 일본에 있는 동안 먹어보고 싶은 음식이 무엇인지 묻는다면 십중팔구 스시가 목록에 들어 있을 것이다.

일본에 오기 전에 나는 스시가 일본 가정에서 늘 먹는 음식일 거라고 생각했다. 그리고 이곳에 와서 스시라고 다 같은 스시가 아님을 알게 되었다. 평범한 스시가 있고 특별한 스시가 있다. 나는 갑자기 현실을 자각했고 이러한 자각은 마치 조리대 위의 흰살생선처럼 빛났다. 100엔 회전초밥 집은 말하자면 패스트푸드점이다. 식당에 들어가서 그냥 접시를 골라서 먹고 얇아진 지갑과 함께 식당을 나오면 그만이다. 그런가 하면 친구들과 괜찮은 스시와 사케를 적당히 즐기며 저녁 시간을 보내기에 좋은 평범한 스시 집도 있다. 그리고 특별한 경우에 찾는, 술을 포함하지 않은 가격이 1만 5000엔부터 시작되는 고급 스시 전문점도 있다.

라멘 역시 최근에 큰 인기를 끄는 음식이다. 해외에서도 유

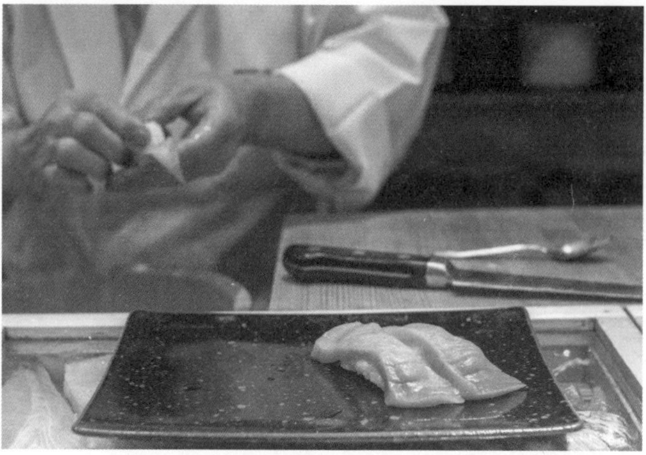

스시는 일본을 대표하는 미식이지만 일본 사람들이 매일 먹는 음식은 아니다.

© MoreGallery

주로 기차역에서 사서 열차 안에서 먹는 도시락, 에키벤.

명 라멘 식당이 문을 열고 있다. '잇푸도一風堂'와 '이치란一蘭' 같은 규슈 지방의 라멘 체인점이 뉴욕, 싱가포르, 잉글랜드, 호주, 홍콩 등지에 매장을 두고 있다. '나키류鳴龍'와 함께 미슐랭 별점을 받은 라멘 집 두 곳 중 하나인 '쓰타蔦'도 싱가포르에 매장이 있다.

라멘이 주 메뉴인 식사는 일반적으로 빨리 끝난다. 저녁에도 별로 오래 먹지 않으며 종종 10분 만에 끝나기도 한다. 라멘에서 가장 중요한 것은 국물이고 그 다음이 면발이다. 나머지 재료는 라멘 집 대부분이 비슷비슷하다. 라멘은 국물에 따라 네 종류로 구분된다. 돼지 뼈 육수로 맛을 낸 돈코츠 라멘, 간장으로 맛을 낸 소유 라멘, 소금으로 맛을 낸 시오 라멘, 된장으로 맛을 낸 미소 라멘이 그것이다. 지역별로 유명한 육수가 있는데, 예를 들어 홋카이도에서는 미소 라멘이 가장 인기인 반면 규슈 지방에서는 돈코츠가 지배적이다.

일본에서 전 세계로 수출된 또 다른 음식 문화는 벤또べんとう라고 하는 도시락이다. 학교에 가는 아이들의 식욕을 돋우기 위해 부모는 귀여운 벤또를 싸준다. 직장인들도 돈을 절약하고 식단을 조절하기 위해 벤또를 싸가지고 다닌다. 벤또는 보통 밥이나 국수 같은 탄수화물 식품과 단백질 식품, 채소로 구성된다. 최소 6시간 이상 상온에서 보관해야 하기 때문에 재료 선택에 주의해야 한다.

또 다른 종류의 벤또는 슈퍼마켓과 기차역에서 판매되는 미리 포장된 식사다. 주로 플라스틱 용기에 포장되어 나오는데 가격도 비싸지 않다. 기차역과 공항에서 파는 벤또 세트에는 특별한 이름이 붙는데, 각각 에키벤과 소라벤이라고 부른다. 에키벤과 소라벤은 주로 지역 특산 한정판이며 고객에게 현재

이동하며 먹기?

요즘은 걸어 다니며 음식을 먹는 사람이 점차 늘어나는 추세지만 기본적으로 일본인들은 걸으면서 먹는 것을 예의 없다고 생각한다. 유일한 예외는 축제다. 축제에서는 걸어 다니면서 음식을 먹는 것이 아무렇지 않게 받아들여진다. 이 경우를 제외하면 걸으면서 먹는 것은 눈살을 찌푸리게 하는 행동이며 대부분은 편의점에서 산 주먹밥 하나를 먹을 때도 앉을 곳을 찾는다. 에키벤은 주로 장거리 기차 여행 중에 테이블이 달려 있는 좌석에서 먹고, 소라벤은 비행기 안에서 먹는다.

진행중이거나 이미 끝마친 여행을 상기시키려는 듯 알록달록 화려한 포장에 담겨 나온다. 특히 에키벤은 판매 경쟁이 치열해 전국에서 가성비가 최고로 좋은 벤또가 어떤 것이며 그 이유는 무엇인지, 구입처는 어디인지를 보여주는 순위 평가 사이트까지 있다.

쌀 요리

일본에는 여기서 전부 언급하기 힘들 만큼 다양한 품종의 쌀이 있다. 쌀 생산 지역마다 유명한 품종이 있으며 사람들도 각자 선호하는 쌀 종류가 있다.

가장 맛있는 쌀은 보통 9월과 10월 사이에 바로 추수한 햅쌀이다. 햅쌀만 전문으로 취급하는 전통 식당과 고급 식당에서 맛볼 수 있으며, 햅쌀로 지은 밥은 별도의 반찬 없이 그냥 먹거나 좋은 소금만 살짝 뿌려 먹어도 그 자체로 맛이 좋다.

흔한 쌀 요리로는 다음과 같은 것들이 있다.

- **차항**チャーハン: 쉽게 말해 볶음밥. 중식당의 주요 메뉴이자 많

은 사람에게 인기 있다.

- **돈부리**どんぶり: '돈부리'라는 용어는 덮밥을 뜻한다. 다양한 종류가 있는데 가장 흔한 것은 규 돈부리, 짧게 말해서 '규동'이다. 규동은 얇게 저며 볶은 쇠고기를 밥 위에 얹은 덮밥이다. 그밖에 닭고기계란 덮밥 '오야코동'과 돈가스와 촉촉하게 조리한 달걀을 얹은 '가츠동', 튀김 덮밥 '텐동', 해물 덮밥 '카이센동' 등이 있다.
- **카레라이스**カレーライス: 일본식 커리를 말한다. 일본 카레는 인도 커리만큼 맵지 않다. 매운 맛을 좋아하는 사람들은 일본 카레가 달다고 느낄 수 있다. 카레라이스는 많은 일본인의 마음에 특별한 자리를 차지하는 음식이며 대개는 어린 시절을 떠올리게 한다.
- **오므라이스**オムライス: 오므라이스에서 '오므'는 오믈렛의 줄임말이며 오므라이스는 곧 오믈렛 밥이다. 1995년에 만들어진 일본 영화 〈담뽀뽀〉의 팬이라면 이 음식을 알 것이다. 케첩에 볶은 밥 위에 보들보들한 프랑스식 오믈렛을 덮고 오믈렛 가운데를 갈라서 밥 전체를 덮은 음식이다. 오므라이스의 현대식 변형으로 데미글라스 소스를 듬뿍 뿌리는 방식도 있다.
- **오니기리**おにぎり: '오무스비おむすび'라고도 부른다. 종종 속 재료를 채운 단순한 삼각형 주먹밥을 말한다. 오니기리의 변형으로는 불에 구운 주먹밥인 야키 오니기리와 샌드위치와 비슷하게 생기고 속 재료가 더 많이 들어간 새로운 유행 음식 오니기라주가 있다.
- **스시**すし: 스시라는 용어는 모든 종류의 초밥을 뜻한다. 니기리 스시는 익히지 않은 날 해물을 작게 뭉친 초밥 위에 얹는 것으로 사람들이 일반적으로 말하는 스시다. 다른 형태로는

일본인의 소울 푸드 중
하나인 오니기리.

김말이 스시인 마키 스시와 깍둑썰기를 한 재료를 초밥과 섞은 지라시 스시가 있다.

- **테이쇼쿠(정식)**ていしょく: 메인 요리를 선택한 후 밥과 미소 시루, 피클, 경우에 따라 디저트와 함께 제공하는 식사다. 테이쇼쿠 정식은 점심시간에 인기가 좋아서 대부분 식당에서 오늘의 정식(히가와리 테이쇼쿠)을 내놓는다.

국수

국수는 일본인이 즐겨 먹는 주식 중 하나이며 라멘, 소바, 우동 등 다양한 종류가 있다. 주로 밀가루로 만드는데 메밀로 만든 소바만 글루텐이 없다. 종류별로 애호가들이 있으며 어느 상가에서나 십중팔구 국수 전문 음식점을 찾을 수 있다.

사람들은 라멘 한 그릇을 먹으려고 줄을 선다. 1986년 영화 〈담뽀뽀タンポポ〉가 상영된 이후 그런 현상이 더 심화되었다. 2016년에는 도쿄에 있는 한 라멘 집이 세계 최초로 미슐랭 별점을 받았다. 이후 또 다른 라멘 집이 미슐랭 별점을 받고 2017년 미슐랭 가이드에 추가되었다. 그때부터 라멘은 제2의 돌풍을 일으키며 모든 관광객이 찾는 음식이 되었다.

일본 전역에서 우동이 누리는 인기는 순전히 '우동켄(우동 현)'이라고 불리는 가가와 현 덕분이라고 말할 수 있다. 물론 아키타 현처럼 우동이 지역 진미인 다른 현들도 있으니 어떻게 보면 이것은 나의 편견일 수도 있겠다. 그러나 값싸고 누구나 쉽게 먹을 수 있는 사누키 우동은 가가와 현의 수출품이며 (사누키는 가가와의 옛 이름이다) 가가와 현에서 시작된 우동 체인점이 전국적으로 유명세를 얻으면서 배고픈 사람들에게 우동과 덴푸라로 훌륭한 한 끼를 제공하고 있다.

메밀로 만든 소바는 갈색이 감도는 회색을 띈다. 녹차가 특산물인 우지와 교토 같은 현에서는 반죽에 녹차 가루를 섞어 만든 녹색 소바 면이 인기다. 가장 소박하고 표준적인 메뉴는 세이로 소바다. 상온의 소바 국수를 쯔유 소스와 함께 제공해 찍어먹도록 하는 것이다. 메밀의 풍미를 느끼고 싶다면 세이로가 답이다. 아니면 대부분의 소바 전문점에서 다양한 종류의 뜨겁거나 차가운 소바를 선택해서 맛볼 수 있다.

역 승강장에 있는 간이 국수 집은 통근자들에게 인기가 높다. 사람들이 열차를 갈아타는 중간에 먹을 수 있도록 따뜻한 국수를 빠르게 만들어준다. 이런 간이 국수 집에서 저녁을 먹는 것도 최근에 대중화되어 역 승강장 국수 집의 순위와 그중 최고 맛집이 어디인지를 다룬 책이 나올 정도다. 내가 본 가장 기발한 국수 집은 시부야 역에 있었는데 인스턴트 컵라면을 그릇에 담아 두 배 가격에 팔았다. 당연히 그 브랜드의 인스턴트 국수는 맛이 좋지만 내 안의 짠돌이 기질 때문인지 근처 편의점에서 똑같은 것을 사먹을 수 있는데 단지 그릇에 담아준다는 이유로 두 배 가격을 지불하는 것이 썩 합리적으로 보이지 않았다.

일본에서 국수를 먹는 가장 좋은 방식은 후루룩 소리를 내며 먹는 것이다. 국물이 너무 뜨거워서일까? 후루룩 소리를 내며 국수를 먹으면 식히는 데 도움이 된다. 그렇다면 찬 국수를 먹을 때 소리를 내는 이유는 무엇일까? 배가 고프기 때문이며 일종의 문화이기도 하다. 다만 손에 휴지를 들고 입가에 튄 국물을 닦아내는 것만은 잊지 말자.

일본에서 먹을 수 있는 국수의 종류는 다음과 같다.

- **히야시츄카**ひやしちゅうか: 흔히 여름 특선으로 먹는 차가운 중화면으로 많은 애호가가 있다. 이 냉국수 요리는 채 썬 오이를 비롯한 많은 채소와 햄, 숙주, 얇게 썬 계란 지단, 해조류, 생강 절임 그리고 경우에 따라 삶은 달걀 반쪽을 곁들인다. 국수와 함께 내는 소스는 식초와 간장 소스, 참기름을 섞어서 만든다.
- **기시멘**きしめん: 칼국수를 닮은 납작한 밀가루 국수로 사람에 따라서는 별 맛이 없다고 느낄 수 있다. 이 국수는 나고야 특산물로 뜨거운 국물에 말아 먹는다.
- **라멘**ラーメン: 돼지 뼈와 미소 된장, 간장 소스를 재료로 한 다양한 육수로 조리하는 밀가루 국수. 대식가들은 면 사리(카에다마)를 추가해서 곱빼기로 먹는다. 라멘 식당에서 흔히 주문해 먹는 곁들임 음식으로는 얇게 저며 불로 익힌 돼지고기 차슈, 일본식 군만두 교자, 일본식 반숙 계란 장조림인 아지타마고, 볶음밥 차항 등이 있다.
- **소바**そば: 뜨거운 국물에 말아서 나오거나 찍어 먹는 소스를 곁들여 차게 내는 메밀국수. 일본 전역에서 찾을 수 있으며 나가노 현의 신슈 같은 지역은 소바로 특히 유명하다. 소바 식당에서는 흔히 해산물과 채소에 얇은 반죽을 묻혀 튀겨낸 덴푸라와 일본식 계란말이인 다시마키 타마고(스시 식당에서 파는 달콤한 계란말이와는 다른 풍미가 있다)를 곁들임 음식으로 함께 먹는다.
- **소멘**そうめん: 그 자체로는 별 맛이 없는 가늘고 얇은 밀가루 국수로 주로 여름에 찬 소스에 찍어 먹는다. 나가시 소멘은 많은 아이들이 여름철에 기대하는 재미있는 식사 놀이다. 반으로 쪼갠 긴 대나무 통에 물을 흘리고 그 위로 소멘 국수를

일본인이 즐겨 먹는
메밀국수 요리, 소바.

띄워 젓가락으로 건져 먹는 방식이다.

- **우동**うどん: 뜨거운 국물에 말아먹거나 찬 소스에 찍어 먹는 두꺼운 밀가루 국수다. 가가와 현이 우동으로 유명해서 '우동 현'이라는 별명이 붙었다. 주로 다양한 덴푸라를 곁들여 먹는다.
- **야키소바**やきそば: 야채와 고기, 국수를 소스로 볶아낸 소바다. 야키소바는 축제에서 빠지지 않는 주요 품목이며 언제 어디서든 이런 국수를 파는 가판대를 적어도 한 곳은 찾을 수 있다. 가정에서도 조리하기 쉬우며 슈퍼마켓에 가면 분말 스프와 함께 포장된 제품도 찾을 수 있다.

육류와 해산물

전통적인 일본 식단은 육류는 거의 없이 대부분 어류와 채소로 구성된다. 하지만 지난 몇 년 동안 상황이 많이 바뀌어 슈퍼마켓에서 육류를 합리적인 가격에 쉽게 구입할 수 있게 됨에 따라 많은 사람이 육류를 식단에 포함시키고 있다.

- **후구(복어)**ふく: 복어는 독 때문에 자격증이 있는 식당에서만 취급할 수 있다. 제대로 준비하기만 하면 맛이 아주 그만이고 위험하지 않다. 복어 사시미는 '테사'라고 부르는 반면 복어탕은 '테치리'라고 부른다. 복어 지느러미는 말려서 술잔에 띄워 함께 먹는다. 내가 복어 사시미를 처음 먹었을 때 입술이 살짝 얼얼한 느낌이 들었다. 몇 년 후 복어 양식장을 하는 사람으로부터 그때 먹은 복어가 손질이 제대로 되지 않은 것임을 알게 되었다.
- **후라이**フライ: 일반적으로 빵가루를 입혀 튀긴 해산물이다. 음

식점에서 흔히 보는 후라이 종류는 아지 후라이(전갱이 튀김)와 에비 후라이(왕새우 튀김), 카키 후라이(굴 튀김)다.

- **가라아게**からあげ: 일본식 닭튀김. 내게 의견을 묻는다면 KFC보다 낫고 항상 인기가 많다. 가라아게와 비슷한 음식으로 타츠다아게가 있다. 둘의 주된 차이는 타츠다아게는 간장 소스에 양념해서 감자 전분을 살짝 뿌려서 튀기는 반면 가라아게는 양념하지 않고 밀가루를 살짝 입혀 튀긴다는 점이다.
- **야키도리**やきとり: 케밥과 비슷하게 육류와 채소를 꼬챙이에 끼워 구운 음식. 인기 있는 종류는 네기마(닭고기와 파 꼬치), 아수파라베콘(베이컨으로 감싼 아스파라거스), 테바세키(닭날개), 난코츠(닭 오도독뼈), 카와(닭껍질), 츠쿠네(다진 닭고기 꼬치) 등이다. 야키도리를 주문할 때 소금과 간장 양념 중 하나를 선택한다.
- **쿠시아게**くしあげ: 오사카식 꼬치 튀김. 야키도리와 비슷하지만 꼬치에 낀 음식을 굽는 대신 튀긴다는 점이 다르다. 쿠시아게 식당에 가면 테이블 당 소스 그릇이 하나씩 있는데 꼬치를 딱 한 번씩만 찍어먹는 게 규칙이다(입에 넣었던 음식을 다시 소스에 담그면 안 된다).
- **카츠**カツ: '커틀릿'에서 나온 말. 보통 빵가루를 입혀 튀긴 고기를 말한다. 후라이와 비슷하지만 주재료가 해산물이 아닌 육류라는 점이 다르다. 돈카츠와 치킨카츠가 일반적이며 규카츠(비프커틀릿)도 있다.
- **사시미**さしみ: 설명이 필요 없는 음식이며 그냥 날것인 해산물을 뜻한다. 가이세키 요리(연회나 결혼식 등에서 손님을 접대하기 위해 예절을 갖춘 일본식 정찬 요리)에 나오는 사시미 코스는 '우즈쿠리'라고 하는데 주로 몇 점의 계절생선으로 이루어진

다. 쿠지라(고래)와 바사시(말), 토리사시(닭), 후구(복어) 같은 이국적이고 조금 논란의 소지가 있는 사시미도 전국에서 흔히 찾을 수 있다.

- **샤브샤브**しゃぶしゃぶ: 얇게 저민 쇠고기나 돼지고기를 뜨거운 냄비에 넣어 익힐 때 나는 소리를 딴 이름. 이때 채소를 함께 넣어 익히며, 익은 고기를 참깨 드레싱이나 폰즈 소스(감귤류로 맛을 낸 간장 소스)에 찍어 먹는다.
- **스키야키**すきやき: 얕은 팬에 설탕과 간장을 섞어 만든 소스를 붓고 얇게 저민 육류와 채소를 끓여먹는 음식. 조리된 육류는 주로 날달걀에 찍어 먹는다.
- **덴푸라**てんぷら: 튀김옷을 살짝 입혀 기름에 튀긴 음식으로 해산물과 채소. 왕새우와 생선, 버섯, 호박 같은 계절채소가 주된 재료다. 잘 튀긴 덴푸라는 종이에 올려놓아도 기름이 아주 조금밖에 묻지 않으며 이것이 조리사의 튀김 실력을 보여준다고 한다. 종종 소금이나 덴푸라 소스와 함께 낸다.
- **타코야키**たこやき: 이 문어 볼은 또 다른 오사카 명물이다. 오사카 전역에서 타코야키 가게를 찾을 수 있으며 배고픈 사람들에게 저렴하고 빠른 간식을 제공한다. 전기로 작동하는 작은 가정용 타코야키 기계도 별로 비싸지 않아서 널리 애용된다.
- **와규**わぎゅう: 값비싼 쇠고기의 한 종류다. 와규 또는 화우和牛는 문자 그대로 일본 소를 뜻하는데 일본 소에서는 마블링이 좋은 고기가 나오기 때문에 풍미가 좋다. 최고의 마블링을 얻기 위해 소들을 잘 돌보는 것이 중요하다. 그래서 와규는 지역 이름을 브랜드로 달고 판매되며, 아마도 가장 유명한 것은 고베 와규일 것이다.

그밖의 음식들

- **에다마메**えだまめ: 풋콩. 소금물에 살짝 삶아서 먹는 것이 가장 좋다. 이자카야에서 주문한 음식이 나올 때까지 먹는 두 말이 필요 없는 기본 안주.
- **오뎅**おでん: 맑은 국물에 얇게 저민 무와 계란, 곤약, 유부에 감싼 떡, 어묵, 마 등을 끓인 음식. 오뎅은 특히 겨울에 인기 있는 음식이며 날씨가 서늘해지면 편의점에서 팔기 시작한다.
- **오코노미야키**おこのみやき: 아침식사용이 아닌 조금 진한 맛의 일본식 팬케이크. 오코노미는 '마음대로'라는 뜻이고 야키는 '굽다'는 뜻이다. 양배추를 다져 넣은 묽은 밀가루 반죽에 다양한 재료를 조합해서 만든다. 재료를 그릇에 섞어 뜨겁게 달군 철판 위에서 조리한다. 히로시마 지역의 오코노미야키인 히로시마야키가 유명한데 바닥에 국수가 깔리는 것이 특징이다.
- **나베**なべ: 일본식 냄비 요리. 슈퍼마켓에서 포장된 즉석 육수

© Tang Yan Song

히로시마야키를 만드는 모습.
오코노미야키의 한 종류로 바닥에 국수가 깔리는 것이 특징이다.

를 팔기 때문에 야채와 고기만 추가해서 먹으면 된다.

- **낫토**なっとう: 일본식 청국장. 일본인이 외국인에게 물어보는 가장 중요한 질문이 "낫또 좋아하세요?"다. 스티로폼 포장에 담겨 판매되는 낫토에는 주로 겨자 소스와 다시 소스가 포장되어 들어 있다. 옛 친구가 에세이에서 이런 글을 썼다. '낫토는 다이어트 식품이다. 끔찍한 맛이 나기 때문이다.' 짐작컨대 그녀는 낫토를 좋아하지 않았나 보다.
- **우메보시**うめぼし: 보통 신맛이 나는 매실 장아찌. 주로 아침에 밥과 함께 먹는다.

일본의 술

술을 먹여보면 그 사람의 다른 면을 볼 수 있다고들 하는데 일본만큼 그 말이 딱 들어맞는 곳도 없을 것이다. 평소에 말 한 마디 걸지 않던 조용한 사무실 직원이 회식 자리에서 맥주 몇 잔을 마시고 나면 갑자기 생각지도 못한 재미있는 사람으로 돌변할 수 있다. 이를 '노뮤니케이션'이라고 하는데, '술을 마시다'를 뜻하는 노무のむ와 커뮤니케이션을 결합한 혼성어다. 사람들이 평소의 어색함을 털어낼 만큼 충분히 술을 마셨을 때 노뮤니케이션이 일어난다. 어떤 면에서는 아주 좋은 일이지만 다음날 아침이 되면 그들이 전날 밤 술자리에서 보여준 재미있는 면모는 흔적 없이 사라지고 평소의 조용한 모습으로 돌아간다. 이를 보면 조금 서운해지기도 한다.

비루(맥주)ビール

일본인 친구들과 술자리나 저녁식사를 하러 가면 대부분 맥주로 시작한다. '토리아에주 비루', 즉 '일단 맥주'가 1차로 주문할 때 흔히 들리는 말이다. 술을 마시지 않거나 맥주를 좋아하지 않는다면 주문할 필요가 없지만 대부분은 종업원을 붙들어두지 않고 오늘 뭘 마실지 결정할 시간을 벌기 위해 일단은 맥주를 주문한다. 주변의 이런 분위기를 무시하기 힘들다.

일본 국세청이 발표한 통계 자료에 따르면, 불과 25년 전만 해도 일본인의 연평균 알코올 음료 소비량이 1인당 100리터 정도였고 그중 맥주의 비중이 매우 높았다. 요즘은 평균 소비량이 약 80리터로 줄었고 맥주의 인기도 낮아졌지만 여전히 가장 흔히 마시는 알코올 음료다.

일본 사람들은 어느 술자리에서나 '토리아에주 비루', 즉 '일단 맥주'를 시킨다.

일본에서 대중적으로 즐겨 마시는 술의 종류로는 맥주, 사케, 쇼추, 위스키가 있다. 인기가 예전 같지 않다고 해도 맥주는 어디서나 핵심 요소다. 어느 슈퍼마켓이나 편의점에 들어가도 아사히, 기린, 삿포로, 산토리 등 현지 브랜드 맥주가 아주 큰 공간을 차지하고 있다.

모든 맥주가 같은 방식으로 만들어지는 것은 아니다. 라거, 에일, 인디아 페일 에일(IPA), 크래프트 비어, 발포주, 제3맥주 같은 다양한 종류가 있다. 처음 몇 번째까지는 다들 들어보았을 텐데, 발포주와 제3맥주란 과연 무엇일까?

발포주는 맥주의 모든 성분을 포함하고 있지만 맥아 함량이 낮아 맥주로 분류하지 않는다. 맛으로 보면 맥주보다 풍미가 조금 가볍지만 비슷한 캔 포장으로 팔린다. 맥아 함량이 낮은 이 알코올 음료는 주류세가 낮아서 저렴한 맥주 대용으로 생산된다. 한편 맥주의 범주에서 가장 낮은 단계에 있는 것은 제3맥주다. 이것은 맥주도 아니고 발포주도 아닌데, 내가 생각할 때 가장 적절한 표현은 '맥주와 비슷한 알코올 탄산음료'다. 별로 매력적으로 들리지 않는다면 제대로 들은 것이다.

사케 さけ

사케는 오래 전부터 있었지만 해외로 진출한 것은 최근의 일이다. 일본 정부는 프랑스산 샴페인처럼 일본산 증류주에만 일본 사케라는 이름을 붙일 수 있도록 결정했다. 따라서 해외에 있는 사케 양조장에서는 제품에 일본 사케라는 이름을 쓸 수 없다. 사케는 크게 다섯 종류가 있는데 나마슈, 혼죠조, 준마이긴죠, 준마이, 긴죠가 그것이다. 사케 생산에는 무엇보다 좋은 식수원과 양질의 쌀이 필요하며, 사케를 만드는 데 쓰는 쌀은 밥으로 먹는 쌀과는 다르다.

일본 최고의 사케는 대부분 벼를 재배하는 북부의 니가타 현에서 생산되고 있다. 나마자케(열처리를 하지 않은 생사케)를 제외한 나머지 사케들은 쌀을 얼마나 도정하는지, 알코올이 첨가되는지 아닌지에 따라 구분한다. 두말하면 잔소리지만 사케에 관한 이야기는 책 한 권으로도 얼마든지 엮을 수 있고 실제로 그런 책이 많이 나와 있다. 그러나 와인 소믈리에가 누리는 큰 인기와는 대조적으로, 일본에서 자격증을 받은 사케 소믈리에는 30명도 채 안 된다고 한다.

쇼추しょうちゅう

쇼추(소주)는 주로 감자나 밀로 만드는 다른 종류의 술이다. 주로 일본 남부, 특히 규슈 지방에서 생산된다. 이 술은 사케에 비해 향이 강하다. 사케처럼 깔끔하게 그냥 마시기도 하지만 주로 뜨거운 물에 섞거나(미주와리) 얼음을 넣거나 다른 무알콜 음료와 섞어 마신다. 진정한 쇼추 애호가라면 쇼추의 향과 맛을 끌어내기 위해 뜨거운 물에 섞어 마시는 것보다 더 좋은 방법은 없다고 말할 것이다.

위스키ウイスキー

마지막으로 일본 위스키가 있다. 위스키는 최근 들어 인기를 누리고 있으며 일본 위스키도 다르지 않다. 심지어 스코틀랜드산 위스키를 누르고 당당히 상을 받은 일본 위스키도 있다. 일본 위스키 브랜드로는 야마자키, 니카, 히비키, 산토리 등이 있다. 위스키 양조장을 견학할 수 있는데, 대부분 예약을 해야 하며 영어로 진행되는 견학은 없을 가능성이 높다.

음식물에 대한 제약

건강이나 알레르기, 종교, 또는 개인적 신념 때문에 먹을 수 없는 식품이 있는 사람은 일본에서 음식을 구하기가 남들보다 어려울 수 있다. 음식 포장에 재료가 표시되어 있지만 거의 전부 일본어다. 당신이 먹을 수 없는 식품을 일본어로 어떻게 표시하는지 알아두는 것이 최선이다. 음식점에서 나오는 채소 요리도 생선이나 고기 육수에 익히거나 어포 따위를 뿌려서 나오기 일쑤이기 때문에 엄격한 채식주의 음식은 아닐 수 있다. 아래 목록은 외식을 할 때 도움이 될 만한 몇 가지 간단한 용어들이다.

일본어 표기	읽는 법	뜻
アレルギー	아레루기	알레르기
アレルギーがあります。	아레루기가아리마스	알레르기가 있습니다.
肉	니쿠	육류
魚	사카나	어류
乳製品	뉴세이힌	유제품
ナッツ	나츠	견과류
~(と)~ は食べられないです。	~(도)~ 와타베라레나이데스	~(그리고)~는 먹지 않습니다.
~か入ってますか	~가하잇데마스까	~가 들어 있습니까?
お酒	오사케	알코올
お酒は飲めないです。	오사케와노메나이데스	술은 못 마십니다.

완전한 채식주의는 글쎄…

일본에도 쇼진 요리라는 사찰 음식이 있지만 많은 일본인이 채식주의의 완전한 의미를 이해하지 못하는 듯하다. 일본 사람들은 대체로 채식주의자는 고기를 먹지 않는 사람이며 그러니 자신들도 채식주의자라고 말한다. 그들이 말하는 채식주의자는 고기는 먹지 않되 해산물은 먹는 부분채식주의자에 가깝다. 구세대 사람들이 채식주의자가 고기도 생선도 모두 먹지 않는 사람이라는 개념에 익숙해지기까지는 시간이 더 걸릴 것 같다.

외식하기

대부분 사람이 생각하는 것과 달리 일본에서 외식을 하는 데 돈이 꼭 많이 드는 것은 아니다. 전국에 저렴한 음식점이 많고 다른 건 몰라도 백화점 푸드코트나 편의점은 항상 있다. 패밀리 레스토랑은 좋은 가격에 (예를 들어 마요네즈와 매운 대구살, 해조류를 얹은 피자나 파스타 같은) '서양식' 일본 음식을 팔아서 많은 가족과 학생들이 만남의 장소로 애용한다. 회전초밥

© Ljiljana Pavkov

이른 아침이 아니라면 일본에는 외식할 곳이 많고 대부분 맛도 뛰어나다.

집도 역시 저렴한 편이며 많은 곳에서 100엔짜리 접시를 제공한다. 점심 메뉴는 저녁 메뉴보다 싼 경우가 많다.

일본에는 또한 자신 있는 한 가지 재료에만 집중하는 전문 음식점이 많다. 메뉴에 장어만 있는 우나기 전문점, 소바 전문점, 두부 전문점, 복어 전문점 등이 있다. 요즘은 서서 먹는 음식점도 인기를 끌고 있는데 대체로 괜찮은 가격에 양질의 음식을 제공한다. 합리적인 가격에 스테이크를 제공하는 '이키나리 스테이크いきなり ステーキ'도 그중 하나다. 비교적 최근에 문을 연 이 레스토랑 체인은 전국에 많은 매장을 두고 있다. 뉴욕 이스트빌리지에도 최초의 해외 매장을 열었으며 향후 몇 년에 걸쳐 지점을 더 낼 계획이다. 서서 먹는 국수 바는 특히 역내에서 큰 인기를 끌고 있는데, 에키벤보다 따뜻한 식사를 선호하는 승객들이 열차에 타기 전 저렴한 국수를 후루룩 먹을 수 있다.

일본식 선술집인 이자카야는 꼭 가봐야 할 곳으로 특별한 경험을 제공한다. 메뉴에 적힌 요리들은 일행이 함께 먹을 수

가이세키와 오마카세

내가 가장 좋아하는 일본 요리 중 하나는 가이세키(かいせき, 코스)다. 가이세키에는 항상 계절 메뉴와 지역 특산물이 포함되며 찜, 탕, 구이, 튀김 등 갖가지 조리법으로 만든 아홉 가지 이상의 요리가 제공된다. 각각의 요리는 몇 입 거리 정도이며 하나같이 예쁘게 차려져 나온다. 카이세키 요리를 먹는 데는 보통 두 시간쯤 걸린다.

오마카세(おまかせ, 주방장에게 맡긴다는 뜻)를 종종 가이세키와 혼동하는 경우가 있는데, 가이세키는 항상 오마카세지만 오마카세는 가이세키가 아닐 수 있다. 스시 전문점에 가서 오마카세를 주문하면 주방장이 그 날 가장 좋다고 생각하는 재료로 선택한 음식을 (때로는 손님 개인의 취향에 따라) 만들어준다.

© MAHATHIR MOHD YASIN

일본에는 개인이 운영하는 작은 이자카야나 야키도리 집이 많다.

있도록 나오며 가격도 그리 비싸지 않다. 대부분의 이자카야 체인에서 주류 무제한 메뉴를 제공하고 있으며 많은 사람이 그 메뉴를 선택한다. 이자카야는 크게 두 종류가 있는데 개인이 운영하는 소규모 이자카야와 대형 체인 이자카야다. 양쪽 모두 맛있는 음식을 제공하지만 체인 이자카야는 메뉴판에 사진이 있어서 매장을 처음 찾은 손님들이 메뉴를 이해하기가 수월하다. 개인이 운영하는 이자카야는 메뉴판을 손으로 쓰는 경향이 있어서 이해하려면 약간의 일본어 지식이 필요하다.

이자카야 메뉴로는 계절 사시미에서부터 튀김, 야키도리, 국수, 밥 종류에 이르기까지 매우 다양하다. 친구 몇 명이 이자카야에서 만나 저녁을 먹는다면 다양한 음식을 골고루 시켜서 맛보는 재미가 있을 것이다.

야키도리 집은 이자카야와 비슷해 보이지만 메뉴가 고기 및 야채 꼬치로만 구성되어 있다. 대부분 개인이 운영하며 이자카야보다 규모가 작은 편이다. 일본의 음식 문화를 경험하기에 아주 좋은 공간이지만 좀 더 다양한 종류의 음식을 맛보고 싶다면 이자카야를 권한다.

일본 음식점에 적응하기

일본 음식점에서는 대개 안내되는 좌석에 앉아야 한다. 입구로 들어가면 종업원이 인원수를 묻고 적절한 크기의 테이블로 안내하며, 만석인 경우 입구 주변에 있는 대기자 명단에 이름과 인원수를 적고 기다리면 된다. 테이블이 준비되면 종업원이 순서대로 이름을 부를 것이다.

음식점에 따라 입구에서, 혹은 좌식 테이블에 앉기 전에 신발을 벗어야 할 수도 있다. 전자의 경우 입구에 신발을 안전하게 보관할 상자가 비치되어 있을 것이며, 후자의 경우 테이블 바로 밖 계단 밑에 신발을 벗어놓으면 된다.

모든 음식점에 사진 메뉴판이나 영문 메뉴판이 있는 것은 아니지만 쇼핑가에 있는 음식점들은 입구에 음식 모형이 있을 가능성이 높다. 상황이 여의치 않은 경우 다른 사람들이 먹는 것을 둘러보고 가장 흥미 있는 것을 주문하면 된다(다만 이 경우 가격이 얼마인지 모르기 때문에 놀랄 일이 생길 수 있다). 운이 좋다면 영어를 할 줄 아는 종업원이 나와 통역을 도울 것이다.

대다수 음식점에 종업원이 많지 않아서 이목을 끌기 어려울 수 있다. 테이블에 있는 작은 버튼을 찾아서 누르면 종업원이 곧 나타나서 주문을 받는다. 그렇지 않은 곳에서는 그냥 손을 흔들며 종업원 눈에 띄기를 기다려야 한다.

일본인들은 보통 일행 전원의 음식이 도착할 때까지 기다렸다가 함께 먹는 편이다. 음식이 먼저 나온 일행에게 어서 먹으라고 권하더라도 당신의 음식이 도착할 때까지는 아주 천천히 먹을 것이다. 그러니 일본인 친구나 동료와 함께 식사할 때는 당신의 음식이 먼저 나와도 곧바로 수저를 들지 말고 기다리는 게 좋다. 한편 요즘은 인스타그램과 스냅챗 같은 스마트폰 사진 공유 앱의 인기로 인해 카메라가 사람보다 먼저 음식을 '먹는' 광경이 흔해졌다.

고급 레스토랑과 이자카야, 야키도리 같은 음식점에서는 손님이 나갈 준비를 하면 계산서를 가져다줄 것이다. 이 경우 직원이 달리 말하지 않는 한 테이블에서 식대를 지불할 수 있다. 그러나 많은 음식점은 주문한 음식이 다 나오면 계산서를 가져와 테이블 위에 엎어둔다. 손님이 음식을 다 먹고 나면 이 계산서를 계산대로 가져가 식대를 지불하면 된다. 일본에서 식대를 지불할 때 편리한 점은 대부분 음식점에서 개인별로 계산을 따로 받는다는 것이다. 각자 주문한 내용을 말하고 그에 대한 지불을 마치면 되어 편리하다.

일본은 보통 팁 문화가 없기 때문에 식당에서 팁을 주면 종업원이 당황할 수 있다. 계산 후 잔돈을 받지 않는 것도 그들을 당황하게 한다. 한 번은 나와 내 친구가 계산원에게 잔돈(1엔이었다)은 넣어두라고 말하고 나왔는데 그가 급구 우리를 따라와서 잔돈과 영수증을 쥐어주었다. 음식점에서 팁을 받는 유일한 경우는 장례식 후 가족이 그곳을 찾았을 때다. 이때도 진정한 팁이라고는 보기 어렵다.

일본에서의 아침식사

일본에서는 아침을 먹기 위해 어디로 가야 할까? 도처에 길거리 음식이 깔려 있는 아시아의 전형적인 이미지를 생각하면 이 질문은 조금 이상하게 들릴 것이다. 이럴 때의 답은 그저 현지인들이 하는 대로 따라하라는 것인데, 그것은 곧 집에서 아침을 먹으라는 의미다.

하지만 여행 중에 조식을 제공하지 않는 호텔에서 묵는다면 어디로 가야 할까? 가장 쉬운 방법은 아침 메뉴가 있는 24시간 규동 식당에 찾아가는 것이다. 레스토랑 브런치는 주로 주말에만 제공되므로 주중에 느긋한 아침식사를 즐길 가능성은 없다. 도시에 있는 도토루나 엑셀시오 같은 커피숍 체인은 제법 일찍 문을 열어서 직장인들에게 모닝커피와 간단한 샌드위치 메뉴를 판매한다. 제과점도 문을 일찍 열지만 대도시 전철역 근처가 아니라면 매장에서 먹을 곳을 찾기 어려울 것이다. 그 외 마지막 선택지(어쩌면 첫 번째 선택지)는 전날 밤 슈퍼마켓에서 사온 음식을 먹거나 아침에 편의점에 들러 간단히 먹는 방법이다.

7

일본 문화와 여행

'와비'(わび)를 문자 그대로 번역하면 외로움 또는 적막함이며,
외롭거나 적막한 상태에 내재된 단순함과 평온함을 암시한다.

– 세노 타나카와 센도 타나카, 《차의 의식》 중

네온 불빛이 반짝이고 도시마다 불야성을 이루는 땅, 일본은 고요함과 혼잡함이 아름다운 대조를 이룬다. 광기와 평화가 마치 서로의 존재를 무시하듯 공존할 수 있는 오아시스, 그것이 바로 일본이다. 다음에 소개하는 내용은 모두 일본적인 것들이다. 어떤 것은 우리로 하여금 머리를 갸우뚱하며 이렇게 묻게 만든다. "일본인은 대체 왜 그런 거지?"

일본의 이모저모

예의범절

일본 문화에는 많은 암묵적 규칙들이 있는데 이것이 일본에 처음 온 사람들을 답답하게 만들 수 있다. "왜 그냥 그렇게 말하지 않은 거지?" 여행자들 사이에서 이렇게 투덜대는 소리를 흔히 들을 수 있다. 다음은 그런 암묵적 규칙의 몇 가지 예다.

- 일본 사람들은 열차에서 목소리를 낮춰 말하거나 아예 말을 하지 않는다. 열차는 상대적으로 조용한 장소이며 전화벨 소리도 거의 듣기 힘들다. 한번은 내가 졸고 있는 동안 모닝콜 알람이 울렸는데 나는 잠결에 대체 전화기 주인은 왜 알람을 끄지 않는 거냐며 짜증스러워 했다. 그런데 알고 보니 문제의 장본인은 나였다. 나는 깨어나서 주변 승객들의 따가운 시선

을 느껴야 했다.

- 일본인 대부분은 에스컬레이터에서 좌측에 서고 우측 보행을 한다. 단 오사카와 간사이 지방의 일부 지역은 그 반대다. 왜 그런 차이가 있는지는 아무도 모르며, 특히 교토에서는 오사카 출신은 오른쪽에 서는데 타지방 사람들은 왼쪽에 서서 아주 헷갈린다.
- 식당에서는 모든 일행의 음식이 나와야 먹기 시작하는 것이 일반적이며 먹는 속도도 비슷하게 맞추는 경향이 있다. 아마도 서열이 가장 높은 사람의 먹는 속도를 살피면서 그에 맞추는 것처럼 보인다. 물론 당신이 음식을 천천히 먹더라도 아무도 빨리 먹으라고 재촉하지 않고 이야기를 나누며 기다려줄 것이다. 그러나 테이블이 조용해졌는데 혼자만 먹는 중이라면 그때는 서두르는 것이 좋다.
- 술은 항상 두 손으로 따르거나 받는다. 한 손으로는 잔이나 병을 잡고, 다른 손으로는 잔이나 병의 바닥을 받친다.

패션

일본에 도착했을 때 가장 인상적으로 느낀 것 중 하나는 정장을 입은 사람들의 숫자다. 이곳에서 정장은 일하는 세대의 유니폼과도 같다. 구직 철에는 새 정장을 빼입은 대학생들이 커다란 가방을 움켜쥐고 이리저리 무리지어 이동하는 모습을 흔히 볼 수 있다. 직장 밖에서는 주로 말쑥한 캐주얼 차림이며 젊은 세대부터 구세대에 이르기까지 외출할 때 옷을 잘 차려입는 편이다.

일본은 모든 것이 커다란 상자 안에 잘 맞게 정돈되어 있어야 하는 조직화된 나라이다 보니 모든 것에 때와 장소가 있고,

일본 직장인들에게 정장은
유니폼과 같다.

© Sakarin S

Goodbye Sony Building,
Hello Sony Park.
Nov12,2016 - Mar31,2017
It's a Sony 展
Goodbye Sony Building,

모두들 자신이 하는 활동에 적합한 옷을 가지고 있다. 사람들은 특히 등산할 때 최신 유행 등산복을 자랑스럽게 입고 다녀서 등산 패션이 호황을 누린다. 그런데 음악 축제에 갈 때도 등산 패션과 캠핑 액세서리를 착용하고 가는 건 왜일까? 한 가지 극단적인 경우는 '카메라 걸camera girl'이라고 하는 하위문화다. 친구가 일하는 대학의 사진 동아리 여학생 몇 명에게 왜 동아리에 가입했느냐고 물었더니 대답은 이랬다. "카메라를 걸고 다니는 게 요즘 아주 유행이거든요." 카메라 걸. 그것은 진정한 패션 하위문화이며 나는 그 소리를 처음 들었을 때 입이 쩍 벌어졌다.

문신

일본 사람들은 문신을 금기시하며, 문신을 한 사람은 불법 범죄 조직과 연관이 있는 것으로 여기는 경향이 있다. 어떤 직장에서는 옷 속에 감춰진 부위에도 엄격한 '문신 금지' 규정을 적용하기 때문에 사람들이 아무리 작은 문신이라도 새길 엄두를 내지 못한다. 특히 일본의 온천 문화는 문신이 있는 사람들을 곤란하게 한다. 다른 사람에게 불쾌감을 준다는 이유로 이들의 온천 입장을 금지하기 때문이다. 일본에서는 동료들끼리 온천 리조트나 료칸에 묵으면서 함께 온천욕을 하는 경우가 흔한데, 이럴 때 문신이 있으면 더욱 곤란해진다. 그러나 온천 밖에서는 문신을 한 외국인에 대한 반감이 크지 않다.

요즘은 패션 문신에 대한 관심도 높아지고 일본을 방문하는 외국인 수가 증가함에 따라 어떤 료칸과 온천 지역에서는 문신이 있는 외국인을 받아들이는 문제에 대해 개방적인 태도를 취하고 있다. 현행 규정은 탕에 들어가기 전에 반창고나 스티

커로 문신을 가리게 되어 있다. 그것이 불가능할 정도로 큰 문신을 새겼다면, 온천을 즐길 수 있는 유일한 방법은 숙박업소에 있는 개인 온천탕을 예약하거나 개인 온천탕이 딸린 비싼 방을 예약하는 것이다.

마스크

일본에서는 1년 내내 수술용 마스크를 쓰고 다니는 사람을 흔히 볼 수 있다. 편의점에서 약국에 이르기까지 어디서나 이 마스크를 구입할 수 있다. 마스크를 쓰는 목적은 여러 가지다. 다른 사람에게 세균을 감염시키지 않기 위해서, 다른 사람의 세균을 피하기 위해서, 꽃가루와 기타 알레르기 유발 물질을 차단하기 위해, 건조한 겨울철에 피부 수분을 유지하기 위해, 또는 화장하지 않은 얼굴을 가리기 위해 등등…. 주변에서 많은 사람이 마스크를 쓰고 있는 광경을 보고 내 친구처럼 놀라지 마시라. 그 친구는 불안해하며 전염병이 돌고 있는 것은 아닌지 의심했다. 친구는 사람들이 마스크를 쓴 이유가 모두가 기피하는 무언가를 막기 위해서라고 생각했지만 사실은 그냥 유행에 따르는 것뿐이다.

개인 공간

일본인은 개인 공간을 무척 존중하고 다른 사람의 공간을 침해하려 하지 않는다. 여기에서 내집단/외집단 사고방식을 떠올릴 수 있겠지만 그것과 관계없이 어디서건 개인 공간이 분명하게 규정된다. 사람들은 줄을 설 때 아주 가깝게 붙어 있지 않고 누군가의 목에 자신의 숨결이 느껴지지 않을 만큼 거리를 두는 편이다. 물론 통근 열차를 탈 때는 예외다.

만원 열차에 더 이상 사람이 탈 수 없을 만큼 꽉 찼다고 생각했는데 다음 역에 가면 또 사람을 태울 공간이 생긴다는 것이 놀라울 따름이다. 여기서 요령은 문가에 선 사람에게 재빨리 몸을 숙여 미안함을 표시하자마자 등으로 사람들을 밀며 문이 닫힐 때까지 뒷걸음쳐서 객차 안으로 들어가는 것이다. 끔찍하고 불편하게 들리겠지만 이것은 실제로 도쿄에서 아침마다 많은 직장인이 한바탕 치르는 전쟁이다. 한번은 출근시간에 40분간 열차를 타야 했는데 내 발이 바닥에 닿은 시간은 그 절반에 불과했고 근처에 있던 여고생은 어느 시점에는 아예 발이 바닥에 닿지 않고 공중에 떠 있다시피 했다.

출근 시간에 열차를 탈 때 유용한 꿀팁은 이것이다. 군중의 움직임을 거스르거나 뻣뻣하게 버티고 서 있지 말라. 그냥 물 흐르듯 사람들의 흐름에 몸을 맡기면 누구도 다치지 않는다. 특히 열차가 갑자기 멈췄을 때는 정말이지 이것이 최선의 방법이다.

자동차

일본에서 자동차를 소유하는 것은 사치이거나 아니면 꼭 필요해서다. 차를 구입하는 절차가 단순히 매장에 가서 돈을 내는 것으로 끝나지 않기 때문이다. 지역 구청에 가서 거주증명서를 발급받은 다음 지역 경찰서를 방문해 적절한 주차 공간이 있음을 입증해야 비로소 자동차를 구입할 수 있다. 시골에서 차고가 있는 집에 살고 있어도 마찬가지다.

운전면허증은 있지만 운전을 할 수 없거나 두려워서 못하는 사람들을 일컬어 '종이 운전자' 또는 '종이 면허'라는 표현을 쓴다. 도시에서 거주하는 많은 사람은 종이 운전자가 되기 쉬

일본 대도시의 공동주택들은
매우 비좁은 편이다.

운데, 가뜩이나 좁은 집에 주차 공간을 확보하기 어렵거나 바로 집 앞에 대중교통 수단이 있어서 굳이 차를 가질 필요가 없기 때문이다. 반면에 장소 간 이동거리가 길고 대중교통이 적은 시골에서는 운전을 많이 한다. 나는 내가 사는 현의 주민들이 거의 1인당 한 대씩 차를 가지고 있고 내 수업을 듣는 학생 40명 모두가 일주일에 적어도 세 번은 운전을 한다는 사실을 알고 깜짝 놀랐다. 더욱 놀라운 것은 그들 중 고속도로에서 운전해본 경험이 있는 사람이 나를 포함해 겨우 세 명뿐이라는 사실이었다.

줄서기

음식을 먹기 위해서건 표를 사기 위해서건 열차를 타기 위해서건 디즈니랜드에 가서건, 일본 사람들은 어디서나 기꺼이 줄을 선다. 이런 모습을 자주 보다 보면 마치 줄서서 기다리는 것이 국민 취미인 것처럼 느껴진다. 2011년 도호쿠 대지진 당시 머릿속에 각인된 가장 강렬한 이미지 중 하나는 이재민들이 질서정연하게 줄을 서서 인내심 있게 배급을 기다리는 사진이었다. 배급이 왔을 때도 서로 밀치는 일 없이 모두들 금욕적으로 할당된 배급품을 받아갔다.

그렇다. 일본에서 줄서기는 삶의 방식이며, 비록 그 가운데서 가끔은 조용한 투덜거림이 들리더라도 대체로는 아주 질서정연하고 인상적인 모습이다. 현지인들은 절대 새치기를 시도하지 않으며 누가 먼저 왔는지에 대한 암묵적 이해가 있다. 설령 누군가 새치기를 하더라도 대놓고 뭐라는 사람은 없을 것이지만 따가운 시선과 수동적인 적대감은 팽배하게 느껴질 것이다.

치한

특히 전철 같은 혼잡한 장소에서는 치한이 많아서 여성들에게 치한을 경고하는 벽보가 붙어 있다. 이 문제가 워낙 심각해서 열차에 여성 전용 칸이 마련되어 있을 정도다. 치한에 대처하는 가장 좋은 방법은 괴롭히는 상대의 손목을 붙잡고 "치칸"이라고 소리치는 것이다. 그런 다음 그를 다음 역의 역장에게 끌고 가서 신고한다.

여성들이여! 이런 경우 주변 승객들에게 불편을 끼칠 것을 염려하지 말고 힘껏 소리치시라. 치한들은 그런 행동이 결코 용인되지 않으며 여성이 결코 쉬운 먹잇감이 아니라는 사실을 알 필요가 있다. 반대로 남성이 전철에서 추행을 당했다는 얘기는 아직 들은 적이 없지만, 혹시 그런 일이 생기면 역시 똑같은 행동 방침이 요구된다.

편의점

나는 가격을 비싸게 받는 편의점에 익숙해져 있었다. 그러나 '콘비니'라고 부르는 일본의 편의점은 차원이 전혀 다르다. 다른 나라에서는 바가지를 쓸 것이 두려워 편의점을 기피하는

> 일본에 처음 왔을 때 편의점은 물건이 제한적이고 값만 비쌀 것이라고 생각해 슈퍼마켓만 고수했다. 하지만 오래지 않아 편의점이 가격경쟁력도 있고 시도해볼 가치가 있는 신제품으로 가득한 장소라는 사실을 알게 되었다. ATM이며 티켓 예매기, 잡지, 가정용품, 단기 여행을 위한 응급용품에 화장실까지 없는 게 없다. 내가 가본 가장 좋은 편의점 화장실 중 하나는 오키나와 남서부 연안의 작은 섬에 있었다. 차로 30분이면 전체를 돌아볼 수 있는 작은 섬에도 단 한 곳이지만 편의점이 있었는데, 그곳 화장실이 너무 좋아서 우리는 가까이에서 묵으면서도 순전히 화장실을 이용하기 위해 편의점에 다시 들렀다.

편이지만 일본 편의점은 그야말로 편리함의 극치를 보여준다. 내게 필요한 모든 것은 물론이고 필요성을 인식하지도 못했던 온갖 것이 가득 준비되어 있다. 일반적인 식료품과 잡다한 품목들을 파는 것 외에 보통은 ATM, 복사기/팩스기, 청구서 납부 장치, 티켓 예매 단말기까지 있다. 어떤 매장에는 (특히 도심 밖에 있는 경우) 화장실도 있다.

일본에는 전국에 약 5만 5000개의 편의점이 있으며, 가장 흔히 볼 수 있는 브랜드는 세븐일레븐, 로손, 패밀리마트다. 대부분 하루 24시간 내내 영업한다.

현금자동지급기(ATM)

믿거나 말거나 일본에서는 ATM 이용에 시간제한이 있다. ATM을 아무 때나 이용할 수 있는 나라에서 온 내게는 깜짝 놀랄 만한 일이었다(자판기는 24시간 이용할 수 있는데 왜 ATM은 그런 제한이 필요한 걸까?). 물론 모든 ATM에 시간제한이 있는

© Tata Chen

가까운 곳에 편의점이 없을 때는 자판기를 찾아보시라.
일본의 자동판매기는 실로 다양한 물건을 취급한다.

것은 아니다. 편의점에 있는 기계는 매장이 열려 있는 한 언제든 이용할 수 있다. 은행에 따라 영업시간 외 현금 인출이나 타행 인출에는 세금을 포함해 100엔에서 200엔 정도의 수수료를 부과한다. 그러므로 은행 수수료를 내거나 휴일 동안 거래은행의 ATM이 닫힌 것을 보고 싶지 않거든 황금연휴나 연말연시 같은 긴 휴가가 시작되기 전에는 현금을 미리 인출해 두는 것이 좋다.

IC 카드

집적회로(IC) 카드는 사용자가 돈을 먼저 충전한 뒤 물건과 서비스 비용을 지불할 때 사용하는 카드다. 이코카, 스이카, 파스모는 철도회사에서 제공하는 교통 IC 카드로 교통비는 물론이고 편의점이나 일부 가맹 상점과 음식점에서 비용을 지불할 때도 쓸 수 있다. 나나코, 와온, 에디 카드 같은 그 밖의 비접촉형 스마트 카드로는 물품과 서비스를 구매하거나 식대를 지불할 수 있지만 대중교통 요금은 낼 수 없다. 스마트 카드를 이용하면 종종 포인트가 쌓이는데 이는 나중에 현금으로 교환해 쓸 수 있다.

전통문화

기모노

기모노는 일본의 전통 의상이다. 이 용어는 원래 남자와 여자가 입는 복장을 모두 가리키지만 요즘 사람들은 기모노를 여자가 입는 복장으로 생각하는 경향이 있다. 기모노는 여러

겹으로 이루어져 있으며 '오비'라고 알려진 넓은 허리띠로 묶는다. 제대로 갖춰 입으면 우아함이 물씬 풍긴다. 평소 걸음걸이로는 기모노의 선이 흐트러지기 때문에 많이 입어본 사람들은 발을 들어 올리지 않고 미끄러뜨리듯 종종거리며 걷는다. 기모노와 함께 신는 전통 신발을 조리 또는 게다라고 하는데 '다비'라는 엄지발가락이 갈라진 버선과 함께 신는다.

기모노는 주로 결혼식과 장례식 같은 특별한 행사를 포함한 공식 행사에서 입는다. 선택에 따라 기모노 위로 허리에 둘러 입는 하카마(주름치마처럼 생긴 옷)를 착용할 수도 있다. 하카마는 주로 남자들이 입지만 신사의 무녀들이나 여학교 졸업식 참석자들이 입기도 한다. 궁도와 합기도 같은 무술용 도복에서도 하카마를 볼 수 있다.

기모노를 좀 더 간소한 여름용 의복인 유카타와 혼동하는 경우가 많은데, 유카타는 홑겹이라 입기 편하고 시원해서 여름에 기모노 대용으로 입는다. 유카타를 입고 여름 축제에 가는 것이 최신 유행이 되었으며 연인이나 부부가 전통적인 여름 의복을 함께 입고 다니면 군중 속에서도 눈에 확 띈다.

요즘은 관광지에 기모노와 유카타 대여점이 널려 있어서 여행자들도 쉽게 일본 전통 의상을 빌려 입고 관광을 즐길 수 있다. 전통복을 입은 누군가와 사진을 찍고 싶다면 여행객과 진짜 일본인을 혼동하지 않도록 주의해야 한다. 한번은 한 관광객이 대여 유카타를 입은 다른 관광객 커플을 진짜 일본인으로 오해하고 사진을 함께 찍자고 부탁하는 것을 본 적이 있다. 그 상황을 보고 있자니 재미있기도 하고 민망하기도 했다. 물론 현지인들도 이런 대여 서비스를 이용하는 일이 가끔 있기는 하다. 일본인 고등학교 학급이 교토에 수학여행을 가서 교

도쿠시마의 인기 있는 아와 오도리 축제에서 아와오도리(바보춤) 공연을 준비하는 여성들.

© bluehand

新酒粕

도쿄 근교의 역사 도시, 가와
고에 거리의 고즈넉한 풍경.

新潟
村上
牛しぐれ
新潟の味覚
東京弁当
TOKYO STATION LUNCH
東京 老舗の味
東京弁当
村上牛しぐれ
Kanagawa Yamayuri Beef
神奈川牛肉弁当
かながわ
ぎゅうにく べんとう
使用
神奈川牛肉弁当
鮭は
駅弁
北九州名物
かしわめし

기차역이나 공항 등에서 판매하는 도시락, 벤또의 종류가 이렇게나 다양하다.

오사카의 명물 간식, 타코
야키를 만드는 모습.

© f11photo

스시의 한 종류인 마키 스시

일본식 전골 요리인 나베

마블링이 좋기로 유명한 고베 와규

다양한 육류와 채소를 꼬치에 구워 내는 야키도리

홋카이도의 푸짐한 사시미 덮밥

구운 돼지고기(차슈)와 일본식 반숙 계란(아지타마고)을 토핑한 미소 라멘

배우기도 쉽지 않은 일본 전통 과자 와가시

일본 사람들이 즐겨 마시는 가루녹차, 말차

일본 최남단의 섬, 오키나
는 만자 곶. 우리나라에
좌모'라는 명칭으로 알려

© cowardlion

기모노는 특별한 날에 입는다. 명절을 맞아 기모노를 입은 소녀들.

© MAHATHIR MOHD YASIN

유타카를 입고 여름 축제를 즐기는 사람들.

사를 비롯해 학생 전원이 기모노와 하카다를 대여해 입은 것을 본 적이 있다. 그것은 아주 인상적인 장면이었고 일본 현지인들조차 놀라워하며 사진을 찍겠다고 요청했다. 그들은 가는 곳마다 확실한 영향을 미쳤다.

선(젠)

선불교와 명상은 스시 외에 잘 알려진 일본의 수출품 중 하나다. 일본의 선을 서방에 알린 주요 인물 중 한 명은 스즈키 다이세쓰다. 다이세쓰는 선과 관련된 많은 책을 쓰고 번역했으며 선불교를 가르치기도 했다. 스즈키 다이세쓰의 철학과 삶에 관해 좀 더 알아보고 싶다면 가나자와에 있는 스즈키 박물관이 좋은 출발점이 될 것이다.

앉아서 하는 명상인 좌선은 많은 방문객이 떠올리는 선불교의 측면 중 하나다. 좌선 의례는 주로 사찰에서 이른 아침에 진행되며 이때 수행자들은 등을 꼿꼿이 세우고 방석에 앉는다. 종파마다 좌선을 수행하는 나름의 방식이 있지만 보통은 향 하나가 다 탈 때까지(약 20분) 완전한 침묵 속에서 진행된다. 수행자들은 때로 죽비竹篦를 들고 돌아다니는 스님에게 자신을 때려달라고 요청한다. 나는 그동안 많은 좌선에 참여했지만 죽비로 맞는 목적이 무엇인지 잘 이해하지 못했다. 소리만큼 아프지는 않다고 들었으며 졸음을 쫓는 효과가 있다고 한다.

사쿠라

일본에서 벚꽃(사쿠라)이 피는 시기는 1년에 한 번 찾아오는 자연 행사로 일주일 동안 폭풍처럼 전역을 휩쓴다. 사쿠라 철은 많은 일본인에게 즐거운 추억을 선사하는데 아이들 신학기와 졸업식도 마침 벚꽃이 한창인 봄철에 있다.

'꽃놀이'를 뜻하는 하나미는 벚꽃 나무 아래서 즐기는 소풍을 말하는데 이때는 상당히 치열한 경쟁이 벌어지곤 한다. 명당을 선점하기 위해 몇 시간 전부터 나와서 자리를 잡는 것은 기본이고 어떤 집단에서는 한 명이 대표로 나와 밤새 진을 치기까지 한다. 명당자리건 아니건, 하나미는 아침부터 술을 마실 수 있는 좋은 구실이 되며 아침 10시에 술 때문에 얼굴이 빨개져도 나쁘게 볼 사람이 없다.

벚꽃은 전국 어디에서나 볼 수 있고 도시에서도 그 아름다움이 덜하지 않지만 내가 제일 좋아하는 곳은 아키타 현의 가쿠노다테, 하코다테의 고료카쿠 공원, 아오모리 현의 히로사키 성이다.

공휴일

아무래도 일본은 세계에서 공휴일이 가장 많은 나라로 몇 손가락에 들 것 같다. 일본에 공휴일이 많은 이유는 모두가 동시에 쉴 수 있도록 맞추기 위해서다. 이 말이 이상하게 들린다면 일본에서 한번 일해보시라. 이곳 사람들은 직장에서 긴 시간을 보낸다. 그렇게 해야 '열심히 일하는 것'이라고 여기는 통념이 있기 때문이다(그런 사람들이 점심을 먹은 후에 긴 낮잠을 자는 것을 보면 이해하기 어렵다. 일본에서는 사무실에서 낮잠을 자는 것은 전혀 다른 문제로 인식한다). 일본 사무실에서 일하면서 공휴일에 근무하겠다고 자청하는 것은 금물이다. 그렇게 하면 다른 동료들이 자신도 그래야 할 것 같은 압박감을 느끼게 된다. 남아서 서로 돕는 것 역시 이곳에서는 일종의 문화적 관습인데, 그것이 남의 일을 대신 해주는 것을 뜻하지는 않는다. 그저 무언가를 완수하기 위해 함께 애쓰는 상태를 뜻한다. 또한 일본 직장인들은 좀처럼 개인 휴가를 쓰지 않는다. 동료들이 이중의 임무를 하게 만드는 민폐를 끼치지 않기 위해서다.

'행복한 월요일'은 주말을 연장해 쉬기 위해 공휴일을 월요일로 옮기는 정부 방침이다. 사람들이 남에게 불편을 끼칠 염려 없이 다같이 휴가를 즐기도록 하려는 취지에서 만들어졌다.

● **일본의 공휴일**

날짜	공휴일
1월 1일	설날
1월 두 번째 월요일	성인의 날
2월 11일	건국기념일
3월 20일	춘분
4월 29일	쇼와의 날(전임 일왕 탄생일)
5월 3일	헌법 기념일
5월 4일	녹색의 날
5월 5일	어린이날
7월 셋째 월요일	바다의 날
8월 11일	산의 날
9월 셋째 월요일	경로의 날
9월 22일 또는 23일	추분
10월 둘째 월요일	체육의 날
11월 3일	문화의 날
11월 23일	근로감사의 날
12월 23일	(현재) 일왕 탄생일

쇼가츠(일본 설날)

1월 1일에 기념하는 쇼가츠(정월)는 일본에서 가장 큰 명절 중 하나다. 많은 회사가 12월 마지막 며칠 전부터 1월 처음 며칠 동안 문을 닫는다. 직장인들이 연속으로 며칠을 쉴 수 있는 흔치 않은 기회다. 설날에는 주로 가족과 함께 '오세치'라는 특별한 설음식을 먹고 TV에서 코하쿠 우타갓센(홍백가합전)을 보며 휴식을 취한다. 아이들은 부모와 친척에게 오토시다마(세뱃돈)를 받기 때문에 1년 중 가장 기대하는 날이라고 할 수 있다. 12월 31에는 소바를 먹고 신년 종이 울릴 때까지 잠을 자지 않고 기다리는 풍습이 있으며, 1월 1일에는 많은 일본인이 하츠모데(한 해의 첫 신사 참배)를 하며 복을 달라고 기도한다.

오본

오본(백중)은 가족들이 모여 조상을 기리는 명절이다. 양력으로는 주로 8월 15일경이며 공휴일은 아니지만 많은 회사에서 직원들이 고향집에 찾아가 가족을 만날 수 있도록 며칠간 휴가를 준다. 따라서 도쿄 같은 대도시는 오본 기간 동안에 썰렁해진다.

© MAHATHIR MOHD YASIN

오본 명절에 사람들이 거리에 나와 본오도리 춤을 추고 있다.

오본 명절에 외국인이 기대할 수 있는 즐길 거리 중 하나는 마을마다 열리는 작은 축제다. 이 축제에서는 야간에 줄에 매달아놓은 등불 아래서 사람들이 본오도리, 또는 백중맞이 춤이라는 단순한 춤을 춘다. 누구나 참여할 수 있으며 동작이 단순해서 몇 번만 따라하면 금세 익힐 수 있다.

야마노히(산의 날)

산의 날은 바다를 기념하는 우미노히(바다의 날)가 생긴 후에 산을 기념하기 위해 만들어졌다. 2016년 8월에 처음 도입되어 가장 최근에 생긴 공휴일이다. 오본 명절과 가까이 붙어 있어 휴일을 연장해 쓸 수 있다.

다이코

큰북이라는 뜻의 다이코太鼓는 대부분의 일본 축제와 행사에서 볼 수 있다. 다양한 방식의 연주가 있으며 각각의 방식마다 특별한 애호가가 있다. 일본의 거의 모든 마을에서 전통북 단체를 찾을 수 있으며, 가입해서 활동하는 데는 어느 정도의 헌신이 필요하다. 어떤 료칸이나 축제에서는 공연이 끝난 뒤 방문객들이 직접 다이코를 쳐볼 수 있게 하는데 이것이 다이코를 가까이에서 접할 수 있는 가장 좋은 방법이다. 다이코 연주에 관해 좀 더 깊이 알고 싶은 사람은 세계적으로 유명한 전통북 단체인 코도鼓童의 본고장, 니가타 현 사도가시마 섬에서 매년 8월에 열리는 '어스 셀레브레이션'에 참석해볼 것을 권한다.

극장과 공연예술

일본을 대표하는 세 가지 전통 공연예술이 있다. 가부키, 노, 분라쿠가 그것이다. 이 세 가지 예술의 내용은 비극적인 사랑 이야기와 신화, 전설이 주를 이룬다. 주로 일본어 구체를 사용해 현지인들도 이해하기 어렵다. 가부키와 노는 여성 배역을 포함해 모든 역할을 남성들이 맡아서 공연하고, 분라쿠는 꼭두각시 인형극이지만 인형술사가 주로 남성이다.

일본의 무대극 공연이 모두 남성에 의해 이루어진다고 단정하기 전에 잠깐 기다리시라! '다카라즈카'라는 여성 가극도 있다. 정교한 복장과 분장이 동원되는 다카라즈카 공연은 서양식 가극과 흡사하다. 공연과 복장이 분라쿠, 가부키, 노에 결코 뒤지지 않으며 입장권을 구하기가 무척 힘들어서 팬들은 좋아하는 배우를 보기 위해 몇 시간씩 기다리곤 한다.

도자기

일본의 도자기 공예는 에도 시대에 이미 해외로 진출한 가치 있는 예술 형태다. 특정 지역에서 만든 귀한 도자기들은 귀족과 봉건 정부의 지배 계층만이 쓸 수 있었다. 다양한 종류의 도자기 중에서도 가장 유명한 것은 2016년에 400주년을 맞은 사가 현의 아리타 야키일 것이다. 이밖에도 이시가와 현의 구타니 야키, 도치기 현의 마시코 야키가 잘 알려져 있다.

많은 도자기 마을에서 도자기를 직접 만들어볼 수 있는 체험 기회를 제공하고 있는데 어떤 곳은 사전에 예약을 해야 한다. 체험 수업은 대개 점토 빚기와 도자기 소품 만들기로 구성되며 그 뒤의 유약 바르기와 굽기는 가마를 다 채운 후에 강사가 진행해서 집으로 보내준다. 직접 만든 작품을 당일에 가져갈 수는 없지만 여행 후 집으로 돌아가서 도자기를 만들었다는 사실조차 잊어버렸을 때 우편으로 받아본다면 감동적인 선물이 될 것이다.

다도

일본 전통의 차 의식인 다도는 구체적인 규칙과 행동이 복잡하다. 다도를 행하는 사람과 차를 받는 사람이 다도 철학의 이상을 되돌아보고 와비사비わびさび(소박함과 덧없음의 미학)를 인식하게 하려는 데 그 목적이 있다.

아쉽게도 오늘날 일본식 정원에 있는 많은 평범한 찻집들은 손님들 앞에서 차를 직접 만들어 따라주는 전통적인 다도를 행하지 않는다. 이런 곳에서 차를 마시는 것은 그저 일본식 정원을 즐기고 찻집의 고요함과 경치를 즐기는 또 다른 방식이며, 가루 녹차인 말차(일본어로는 '맛차'라고 부른다)와 일본 전통 과자인 와가시(화과자)를 맛보는 또 하나의 기회일 뿐이다. 물

다도의 규칙

다도 체험을 하러 갈 때는 향이 짙은 옷을 입지 말고 양말을 신거나 한 켤레 챙겨서 간다.

다도 의식에서는 보통 말차를 마시기 전에 일본 과자 와가시를 먹는다. 당신 앞에 찻잔이 하나 놓일 텐데 이것을 집어 왼손 쪽에 놓아야 한다. 이는 차를 정면으로 마시지 않기 위함이다. 차를 마실 때는 찻잔을 오른손으로 잡은 상태로 몸을 시계 방향으로 돌리면서 잔을 들어 올린 다음 세 번에 나눠 조금씩 마신다. 마지막에는 말차를 다 마신 다음 찻잔에 입술이 닿았던 부분을 손가락으로 닦아낸 뒤 원래 위치로 가져간다.

차를 다 마신 뒤에는 도자기 찻잔을 감상할 시간을 갖는데, 이때 찻잔을 들어 바닥 면을 봐도 괜찮다. 다도에 쓰이는 도자기 찻잔은 일종의 예술 형태로 인식된다. 실제로 교토에 있는 라쿠 박물관은 라쿠 가문이 만든 매력적인 찻잔들만 전시하고 있다.

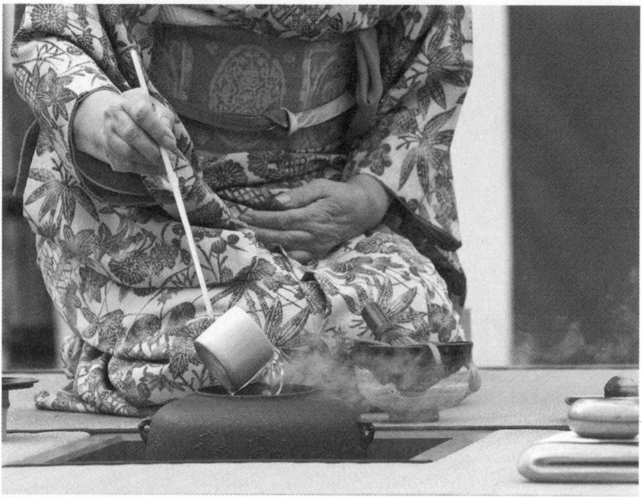

일본에서 차를 마시는 것은 일종의 의식이다.

론 사전예약을 하고 일본 전통 다도를 체험하는 방법도 있다. 이 경우 참가자는 다도와 관련된 복잡한 규칙들을 배우며 말차를 직접 만들어서 마실 수 있다.

서예

서예는 먹물과 붓을 이용해 글씨를 쓰는 예술로, 한 획을 그을 때마다 붓 끝에 들어가는 힘이 달라진다. 서예가들은 평생 동안 일할 수 있다. 아이다 미츠오는 유명한 서예가인 동시에 시인으로 선불교의 영향을 크게 받았다. 서예와 선불교의 이상에 관심이 있는 사람이라면 도쿄에 있는 아이다 미츠오 미술관에 꼭 가보기를 권한다.

이케바나

이케바나いけばな는 꽃을 이용한 예술 형태로 일종의 꽃꽂이

다. 계절에 따라 사용하는 꽃의 배열과 종류가 달라지며, 이케바나 유파에 따라 스타일도 다르다. 이케바나 수업은 퇴직한 노인들에게 상당히 인기 있다.

요리 교실

일본 가정식 요리나 스시 같은 인기 요리법을 전문으로 가르치는 지역 기반 요리 교실들이 있다. 이런 곳은 현지인과 외국인 모두를 대상으로 하며 온라인에서 영어로 쉽게 예약할 수 있다. 반면에 전통 과자 와가시를 만드는 것처럼 조금 더 기능적인 수업을 받으려면 약간의 일본어 지식이 필요하다. 이런 수업은 대부분 일본어로 진행되며 사전예약을 해야만 참석할 수 있다. 그러나 일단 참석한다면 완벽한 모습의 와가시를 만드는 데 얼마나 많은 노력(또는 연습)이 들어가는지 알게 될 것이다. 나는 와가시 교실에 딱 한 번 참석해 보았는데 솜씨가 얼마나 형편없었던지 앞으로 다시는 과자 만들기에 도전하지 말고 그냥 사먹어야겠다고 다짐했다.

하위문화

당신이 일본의 비전통적인 측면에 관심이 있다면 다양한 하위문화가 훨씬 더 흥미롭게 느껴질 것이다. 가장 대중적이고 잘 알려진 하위문화는 주로 신주쿠의 요요기 공원에서 가죽 재킷과 청바지 차림에 잔뜩 부풀린 머리를 하고 춤을 추는 로커빌리 족과 그 근처 하라주쿠에서 찾을 수 있는 로리타 아가씨들이다. 이 외에도 일본은 코스프레(코스튬 플레이) 문화가 무척 발달해 전 세계에서 많은 팬을 확보하고 있는데, 코믹마

켓과 아니메재팬アニメジャパン(일본을 대표하는 애니메이션 행사) 같은 행사에 가보면 만화나 게임 속 캐릭터처럼 꾸민 사람들이 모여 자신들의 의상을 마음껏 뽐내는 것을 구경할 수 있다.

모든 하위문화가 패션이나 복장과 관련된 것은 아니다. 자동차도 하위문화 범주에 등장했다. 이타샤いたしゃ는 이탈리아 차를 뜻하는 것이 아니라 '아프다'를 뜻하는 '이타이'에서 나온 말로 '보기 안쓰러운 차'라고 해석할 수 있다. 차체에 애니메이션 캐릭터 스티커를 붙이거나 도장한 차, 또는 그런 개조 행위를 이타샤라고 부른다. 도시 외곽에서 비밀리에 행해지는 도로 경주와 드리프팅의 세계도 하위문화의 일종으로 볼 수 있지만 이 방면의 하위문화를 발견하는 것은 당신의 몫으로 남겨두겠다.

건담

건담은 많은 인기를 얻은 초창기 TV 애니메이션 중 하나다. 1979년에 시작된 건담 시리즈는 미래를 배경으로 한 SF 애니메이션으로 거대한 인간형 로봇들이 주인공으로 등장한다. 지금까지도 시리즈를 계속 이어가며 영화와 TV 시리즈 속편, 광범위한 모형 장난감 등의 거대 산업을 낳고 있다. 건담 모형 조립 키트는 특히 인기가 많아서 혼성어까지 생겼다. '건프라'는 건담 프라모델, 즉 건담 플라스틱 모형을 의미하는데 종종 다른 로봇의 모형 키트를 가리킬 때도 이 용어를 쓴다. 한편 건담은 로봇을 현실의 존재로 실현시킨다는 생각에 불을 붙였다. 적어도 한 세대의 로봇공학 엔지니어들에게 영감을 불어넣은 최초의 SF 애니메이션 중 하나라고 말할 수 있다.

도쿄 오다이바 지역에 가면 초대형 건담 로봇들을 만날 수 있다.

포켓몬스터

포켓몬, 포켓몬, 포켓몬… 워낙 유명한 게임이라 딱히 무슨 설명이 더 필요할지 모르겠다. 이 인기 게임은 1996년에 일본에서 탄생했으며 게임과 함께 성장한 아이들이 이제 20대가 되었다. 증강현실 게임 '포켓몬 고'의 출시로 인기가 더욱 높아졌다. 그러나 팬들이 포켓몬 제품을 구입하고 기기로 게임을 할 수 있는 포켓몬 센터는 일본에만 있다. 포켓몬 센터와 포켓몬 매장에서는 한정판 굿즈를 판매하기 때문에 포켓몬 팬들의 지갑이 얇아질 위험이 있다.

하치로쿠

당신이 자동차 광이거나 애니메이션 시리즈 '이니셜 D'의 팬이라면 AE86(일명 하치로쿠)이 무엇인지 알 것이다. 군마 현에 있는 아카기 산은 이니셜 D 시리즈의 배경으로 드리프트(커브에서 감속하지 않고 타이어를 옆으로 미끄러지게 하는 기술) 광들과 이니셜 D 팬들에게 인기 있는 장소다. 드리프트 주행과 레이싱 연습을 일반 도로에서 하는 것은 불법이지만 그래도 열렬한 광들은 말릴 수 없다. 구불구불한 산길에 선명히 나 있는 타이어 자국을 보는 것은 드문 일이 아니며 어떤 곳은 드리프트 주행을 막기 위한 과속 방지턱이 설치되어 있다. 이 외에도 자동차 광들이 모여 기량을 뽐내고 정보를 교환하는 몇몇 장소가 있지만 주로 벽지에 있어 차 없이는 접근할 수 없다.

가샤폰

사탕 모양 껌 뽑기 기계와 비슷한 가샤폰은 캡슐 토이 자판기다. 이 이름은 손잡이가 돌아갈 때 나는 '가샤, 가샤' 소리와

© Ned Snowman

일본 어디에서나 볼 수 있는 가샤폰 기계

캡슐이 떨어질 때 나는 '폰' 소리를 합쳐서 만들어졌다. 기계는 토이 시리즈에 따라 구분되고 구매자는 자신이 정확히 어떤 토이를 갖게 될지 선택할 수 없다. 가샤폰 기계는 공항과 쇼핑센터 등에서 남은 동전을 처리하기에도 편리한 방법이다. 나리타 공항에는 순전히 이 목적을 위해 가샤폰 기계들이 잔뜩 쌓여 있으며 이 캡슐 토이들은 일본 방문을 기념하는 별난 장난감이 되기도 한다.

칸초

당신이 초등학교 또는 중학교에서 일하게 된다면 이 일본어에 익숙해질 것이다. 양손의 검지를 모아서 누군가의 엉덩이를 찌르는 행위, 바로 똥침이다. 왜 이런 행위가 아이들에게 즐거움을 주는 것인지 나로서는 이해할 수 없지만 아이들과 일하려면 이것을 알아두는 것이 좋다.

가라오케

가라오케는 모든 연령대에서 즐기는 인기 오락 활동이다. 술을 마시는 곳이라면 대부분 가라오케 기계가 있고 시가지마다 노래방이 적어도 하나씩은 있다. 가라오케 장치에 따라 최신 팝송이 준비되지 않을 수 있지만 적어도 비틀즈와 퀸 노래는 항상 있다. 이용료는 아주 저렴하며 낮 시간에는 30분 당 100엔 정도로 내려가기도 한다. 사람들이 모임 전에 이곳에서 먼저 노래 연습을 하는 경우가 많기 때문에 혼자서 가도 이상하게 보는 사람이 없다. 대부분은 셀프서비스나 룸서비스로 음료를 제공하고 먹을 것도 판매하기 때문에 한자리에서 온갖 여흥을 즐길 수 있는 만능 유흥업소로 활용하기도 한다. 다만 일본에서는 실내공간이 대부분 금연인 데 비해 노래방만큼은 흡연이 가능해서 비흡연자들이 담배 연기를 피하기 어렵다는 단점이 있다.

파친코

파친코는 핀볼 게임과 비슷한 중독성 있는 오락이다. 현금이 직접 오가지 않기 때문에 엄밀히 말해 도박이라기보다는 사람들이 몇 시간씩 시간을 보내곤 하는 게임으로 최소 1엔에서부터 시작할 수 있다. 파친코 가게는 쉽게 알아볼 수 있다. 자동차들로 둘러싸인 현란한 대형 건물에 승률 높은 최신 기계를 광고하는 깃발이 여기저기 걸려 있다면 그곳이 바로 파친코 가게다. 상가에서는 번쩍이는 네온 불빛과 문을 열면 들리는 커다란 음악 소리로 알아챌 수 있다.

참고로 파친코 가게에는 주변에서 가장 깨끗한 화장실이 있을 가능성이 높다. 특히 교외에서 화장실에 갈 필요가 있다면,

나는 딱 한 번 파친코를 해본 적이 있었는데 대체 무엇을 하는 것인지 알 수가 없었다. 나는 그저 1000엔을 잃었고 그와 함께 계속하고 싶은 열정도 잃었다. 각 기계마다 손님이 게임을 시작하면 각각의 스토리가 펼쳐지는 것처럼 보인다. 하지만 누구의 스토리인가? 일단 현금을 쇠구슬 바구니와 교환해서 구슬을 자신이 선택한 기계에 넣는 것으로 시작한다. 구슬을 쏠 방향을 조종하는 손잡이가 있는데 제대로 맞추면 구슬이 쏟아진다. 게임을 다하고 나면 구슬을 경품으로 교환할 수 있으며 그런 다음 파친코 가게를 나가면 '공교롭게도' 경품을 현금으로 교환해주는 작은 창구를 만난다. 이런 우연의 일치를 누가 예상하겠는가! 나는 파친코 게임을 하는 것이 전업이고 학교는 부업에 불과하다고 주장하는 대학생을 알고 있다. 그는 종종 그런 기계에서 한 달에 20만 엔까지 벌기도 한다. 정말 한심한 인생이다.

그리고 기계들의 소음 세례를 무시할 수만 있다면 이런 곳에 들를 것을 추천한다.

자니스 엔터테인먼트

자니스 엔터테인먼트는 일본과 아시아 최고의 연예인들을 관리하는 대형 연예 기획사다. 인기 보이 그룹 아라시와 지금은 해체된 스맙(SMAP) 등이 소속되어 있다. 주로 젊고 외모가 출중하고 노래와 춤이 가능한 남성 아이돌이 많으며, 이들을 연기자나 진행자로 훈련시켜 방송 노출 시간을 높이기도 한다. 자니스는 회사 이미지와 소속 연예인을 엄격하게 관리하는 편이라 경영진의 심기를 건드리면 화를 입게 된다는 얘기도 들린다.

엑스 재팬

엑스 재팬은 1980년대에 결성된 헤비메탈 그룹으로 일본

비주얼계 글램록의 개척자라 할 수 있다. 이 전설적인 밴드는 여전히 일본에서 음반이 가장 잘 팔리는 그룹이며 멤버들은 퀸, 키스와 같은 국제적으로 유명한 그룹과 공동작업을 하기도 했다. 몇 차례의 세계 순회공연을 갖고 주요 콘서트장에서 공연하며 종종 매진을 기록했다.

사잔 올스타즈

'사잔'이라는 애칭으로 불리는 사잔 올스타즈 역시 일본에서 음반이 많이 팔리는 그룹 중 하나다. 1970년대에 결성되어 지금도 활동 중이며 많은 히트곡과 앨범으로 전 연령층에서 사랑받고 있다. 사잔의 노래는 많은 국내외 유명 가수들에게 리메이크되어 불리기도 했다.

퍼퓸

퍼퓸은 일본의 인기 전자팝 댄스 그룹이다. 국내외로 폭넓은 팬 기반을 확보하고 있으며 몇 차례의 세계 순회공연을 가졌다. 퍼퓸의 프로듀서가 2016년 리우 올림픽 폐막식에서 도쿄 올림픽 홍보 공연을 담당하기도 했다.

스포츠

스모

원형의 모래판 위에서 덩치 큰 두 남자가 몸싸움을 벌이는 스모는 가장 잘 알려진 일본 스포츠 중 하나로 일본식 씨름이라고 할 수 있다. 상대를 먼저 모래판 밖으로 던지거나 밀어내

스모는 1년에 여섯 번의 대회가 열리며 텔레비전으로 전국에 생방송된다.

는 사람이 승자가 되는데, 몇 분 또는 몇 초 만에 승부가 난다. 1년에 여섯 번의 대회가 있으며 각 대회는 2주씩 이어진다.

스모 대회 입장권은 한참 전에 매진될 수 있으니 구입을 서두르는 것이 좋다. 최고의 좌석은 경기를 가장 가까이에서 볼 수 있는 모래판 옆 좌석이라고 스모 팬들은 입을 모으지만, 선수들이 몸싸움을 벌이다가 자칫 관객의 무릎 위로 넘어질 수 있어 가장 위험한 좌석이기도 하다.

스모 대회는 하루 종일 이어지지만 주요 시합은 오후 4시부터 시작하고 결승전은 6시 전에 끝난다. 전국에서 텔레비전으로 생중계되기 때문에 어디서나 실시간으로 경기 상황을 확인할 수 있다.

야구

만일 일본에서 최고의 외래 스포츠에 주는 상이 있다면 단연 야구에게 돌아갈 것이다. 엄청난 팬을 확보하고 있는 일본

프로야구는 센트럴리그(약칭으로 세리그)와 퍼시픽리그(약칭으로 파리그)로 나뉘며, 양 리그의 승자가 재팬 시리즈에서 맞붙어 마지막 승부를 펼친다.

야구팀들은 보통 봄과 가을에 한 번씩 전지훈련 캠프를 차리는데 이 훈련 기간이 팬들에게는 무척 인기 있는 이벤트다. 좋아하는 선수에게 가까이 갈 수 있고 훈련이 끝난 후 사진을 찍거나 사인을 받을 수 있는 흔치 않은 기회가 주어지기 때문에 팀이 훈련하는 지역에 관광객이 증가하기도 한다.

프로 리그 외에도 나라 전체를 사로잡는 리그가 있으니 바로 고교야구 대회다. 각 지역 리그에서 싸워 이긴 팀들이 전국 고교야구 대회에서 맞붙는다. 대회에는 총 48팀이 참여하며 홋카이도와 도쿄는 각각 두 팀씩 내보낸다. 효고 현의 고시엔은 고교 야구팀이 영광과 명예를 위해 마지막 승부를 펼치는 구장으로 유명하다. 고시엔 무대에 서는 것은 최고의 명예로 여겨지며, 실제로 많은 선수가 이 명예를 기념하기 위해 경기 후 눈물을 흘리며 흙 한 줌을 담아간다. 이 대회에는 실력 있는 잠재 선수를 발굴해 계약하려는 프로 리그의 스카우트 담당자들도 참석한다.

축구

나데시코 재팬과 사무라이 블루는 각각 일본 축구의 여자 국가대표 팀과 남자 국가대표 팀을 일컫는 별명이다. 두 팀 모두 국제경기에서 성적이 좋은 편이며 현재 여자 팀이 남자 팀보다 국제적으로 상위에 랭크되어 있다. 두 국가대표 팀 외에 J리그로 더 잘 알려진 일본 프로축구는 다시 세 리그로 나뉘며 총 56개 팀으로 이루어져 있다. 현재 J리그 최강 팀은 사이타마 현의 우라와 레즈(공식 명칭은 우라와 레드 다이아몬즈)다.

골프

골프는 일본 전통 스포츠는 아니지만 기업인들이 사업 파트너를 접대하고 거래를 중개하는 데 매력적인 장으로 여겨서 거품 경제 시기에 급부상했다. 일본은 현재 전국에 2000여 개의 골프장을 갖고 있으며 이는 미국에 이어 세계에서 두 번째로 많은 숫자다.

거품 경제 당시에는 골프장 이용료가 3만~5만 엔 정도로 비싸서 평범한 샐러리맨이 즐길 수 있는 스포츠는 아니었지만 지금은 한결 저렴해져서(평균 1만 5000엔 수준) 대중 스포츠로 사랑받고 있다. 상점이나 전철역 밖에서 배우자를 기다리면서 스윙 자세를 연습하는 초로의 남성들을 보더라도 놀라지 마시라. 도시에서는 골프장보다 가깝고 그리 넓은 공간이 필요치 않은 골프연습장이 인기다. 누구나, 심지어 아이들도 골프연습장에 가서 스윙 연습을 한다. 연습장에는 실력 향상을 원하는 사람들에게 개인 레슨을 해주는 전문가도 있다.

마라톤

일본에서는 1년 내내 많은 지역 마라톤 대회가 열리며 대회에 참가하려면 사전신청을 해야 한다. 주로 2월 마지막 일요일에 열리는 도쿄 마라톤은 세계 6대 메이저 경기로 꼽히며 매년 약 4만 명이 참가한다. 참가 신청은 8월에 미리 받는데 언제나 신청자 수가 넘쳐서 추첨제로 참가자를 결정한다.

최근에 등장한 이색 마라톤 중에는 참가자들이 달리는 내내 과일이나 디저트, 현지 특산물을 먹거나 지역 술을 마시는 먹기 마라톤도 있다. 이 마라톤의 백미는 코스프레 복장을 한 참가자를 구경하는 것이다. 마치 마라톤 풀코스를 완주하는 정도로는 성이 차지 않는다는 듯 완전한 코스프레 복장을 하고 달린다!

에키덴은 참가자들이 팀을 이루어 장거리 계주를 펼치는 마라톤이다. 가장 인기 있는 에키덴 대회는 1월 2~3일에 열리는 하코네 에키덴으로, 간토 지방 대학 팀들이 참가해 200km를 달리면서 최고 자리를 두고 경쟁한다. 이를 응원하기 위해 거리에 많은 사람이 몰리고 텔레비전에서 대회를 생중계한다.

무술

일본 무술에는 유도, 합기도, 가라데, 검도, 궁도 등의 종류가 있다. 대부분 시내에서 도장을 찾을 수 있지만 내부에 따로 아는 사람이 없다면 1회성 방문을 위해 입장하기는 어렵다. 어떤 관광지에서는 선별된 무술을 배워보는 체험 교실을 운영하지만 시간을 맞추기 어려울 것이다. 만약 일본에 사는 외국인이라면 동네에서 무술 도장을 찾아 배우기 시작할 수 있다. 그러나 도장에 가입하려면 어느 정도의 헌신이 요구되며 주중 수업에 참석할 수 없다면 가입하지 않는 편이 낫다.

케이린과 케이바

'케이'라는 글자는 경쟁을 뜻한다. 케이린은 경륜, 케이바는 경마다. 경륜과 경마 모두 일본에서 합법적인 도박의 형태이며, 도박꾼들은 미리 승자를 예측해 돈을 건다. 경주는 1년 내내 열리고 은퇴한 노인 세대에게 인기가 높은 편이다.

추천 여행지

많은 안내 책자에서 도쿄, 교토, 오사카 같은 인기 도시들을 소개하고 있다. 이런 도시들은 워낙에 많은 문화적 경험을 제공하기 때문에 당신에게 한두 달의 시간이 있다 해도 깊이 있게 여행하기는 불가능하다. 따라서 여기서는 관광객이 많지 않은 한적한 장소를 좋아하는 사람들을 위해 대안적인 몇 곳을 소개하겠다.

홋카이도(북해도)

일본 최북단의 섬, 홋카이도는 일본 본토의 어느 현에도 뒤지지 않을 만큼 크고 광대하다. 많은 스키장이 눈으로 덮이고 인상적인 눈축제가 열리는 겨울철에 관광객이 가장 많으며(그 절반은 호주 사람들이다) 그와는 대조적으로 끝도 없이 펼쳐진 꽃밭과 선선한 날씨를 즐기기 위해 여름에는 피서지로 찾아오는 사람도 많다. 본토와는 다른 독특한 기후 덕에 맛있는 과일과 채소가 많이 나며 음식점에서 양고기를 쉽게 찾을 수 있는 얼마 안 되는 지역이기도 하다. 지금은 고속열차가 홋카이도 남단의 하코다테까지만 운행하지만 곧 도청 소재지인 삿포로까지 노선을 연장할 계획이다.

오가 반도

오가 반도는 아키타 현의 서쪽에서 동해로 돌출해 있으며 '나마하게'라는 지옥 도깨비의 고향이다. 지역의 민속 설화에 따르면 나마하게는 사람들이 게으름 부리지 않고 자신의 본분을 다하도록 가르치기 위해 마을에 내려온 신들의 전령이다. 어린이의 본분은 열심히 공부하고 집안일을 돕는 것. 따라서

© PixHound

오가 반도의 민속 설화에 기반한 나마하게 탈들.

종종 지역 총각들이 나마하게 역할을 맡아 가면을 쓰고 가짜 무기를 휘두르면서 게으름뱅이 아이들을 혼내고 다닌다. 오가 반도에는 대형 나마하게 동상이 많고 도깨비들의 특징을 설명해주는 훌륭한 전용 박물관도 있다.

후쿠시마 현

2011년의 동일본 대지진 이후 후쿠시마라는 이름은 제1원자력발전소의 노심 융해와 동의어가 되었다. 그러나 후쿠시마 현은 방문하기 위험한 곳이 전혀 아니며 매력적인 관광지다. 후쿠시마는 일본에서 세 번째로 큰 현이며 현재 출입이 금지된 구역은 극히 일부에 불과하다. 후쿠시마 서쪽 지역에서는 철도 광들이 가장 좋아하는 일본 최고의 낭만 열차 '다다미선只見線'을 볼 수 있고, 남쪽에는 일본 유일의 하와이식 스파 리조트가 들어서 있다. 봄에 만발하는 꽃들과 가을의 단풍, 반다이와 우라반다이 지역에서의 여름 캠핑과 야외 활동, 겨울의 풍부한 스키 슬로프 등 사계절 아름다운 풍광이 펼쳐지며, 오우치주쿠와 츠루가 성의 역사, 라멘과 신선한 양질의 농산물 등 누구에게나 풍성한 볼거리와 즐길 거리를 제공한다.

군마 현

일본 현지인들은 군마 하면 멧돼지와 곰이 득실거리는 야생을 떠올리는 경향이 있지만 사실 군마 현에는 유네스코 세계유산인 도미오카 제사 공장을 비롯해 양잠업과 비단 생산과 관련된 유적지가 있고, 일본에서 가장 유명한 온천 휴양지 중 하나인 구사쓰 온센도 있다. 구사쓰가 군마 현에 있는 유일한 온천 마을은 아니며 현 내 어디서든 다양한 양질의 온천을 즐길 수 있다.

가나자와

2015년 후쿠리쿠 신칸센 노선이 개통되면서 이전같은 한적함을 잃어가고 있는 가나자와는 에도 시대에 도쿠가와 쇼군 다음으로 부유했던 봉건 영주 가문, 마에다의 고향이다. 이 가문의 부자들 덕분에 도시가 번성했으며 오늘날까지 잘 보존된 찻집과 건물들을 시내에서 만날 수 있다. 마에다 가문의 본거지인 가나자와 성은 천수각이 소실되었으나 옛 구조물 일부가 남아 있고 현재 복원 공사를 진행 중이다. 성을 가로지르는 겐로쿠엔 공원은 일본 3대 공원의 하나로 꼽히며 이 공원을 산책하는 것은 연중 어느 때건 즐거운 경험일 것이다. 역사보다 예술에 관심이 많은 사람이라면 일본 유명 건축가들이 설계한 21세기 현대미술관에 가보기를 권한다. 한편 가나자와는 음식도 맛있고 고급스럽다. 동해에 면해 있어 해산물이 신선하

가나자와 오미초 시장에서 파는 신선한 해산물.

고 풍부한데, '가나자와의 부엌'이라고 불리는 유명한 오미초 시장에 가면 항상 제철 해산물을 최상의 상태로 맛볼 수 있다. 또한 교토와 마찬가지로 가나자와도 디저트가 특히 발달했다. 누구라도 가나자와에 간다면 해산물과 전통 디저트를 꼭 맛봐야 한다.

시마네 현

시마네 현은 여행지를 선택할 때 종종 간과되는 곳이다. 이 현에서 주목할 만한 관광지는 이와미 긴잔(이와미 은광)과 유네스코 세계유산에 등재된 마쓰에 성이다. 어두운 외관 때문에 '검은 성'이라는 별명이 붙은 마쓰에 성은 천수각이 그대로 남아 있는 일본 봉건 시대의 12개 성 가운데 하나다. 또한 일본 신도에서 가장 오래되고 중요한 신사 중 하나인 이즈모 대사 역시 시네마 현의 주요 관광지다.

마쓰에 성. 어두운 외관 때문에 '검은 성'이라고 불린다.

시코쿠

시코쿠 섬은 가가와, 도쿠시마, 고치, 에히메, 이렇게 4개의 현으로 이루어져 있다. 현마다 다른 특징으로 다른 경험을 제공하는데 공통점이 있다면 4개의 현이 모두 외따로이 떨어져 있다는 점이다. 산으로 둘러싸인 섬이어서 당일 여행이 힘든 곳이 많고 대중교통이 부족해 자동차로 가는 게 최선인 관광지들도 있다. 이처럼 접근하기 힘들다는 점이 오히려 신비감을 자아내 시코쿠 여행을 더 신나고 만족스럽게 만들기도 한다. 숨겨진 마을과 밧줄 다리가 있는 계곡, 일본에서 가장 맑은 강을 비롯한 미지의 영역을 만날 수 있다.

도쿠시마와 고치는 각각 여름 민속춤 제전인 '아와오도리阿波踊り'와 '요사코이よさこい'로 잘 알려져 있다. 제전이 열리는 기간에는 유료 좌석과 숙박 시설을 잡기가 쉽지 않아서 패키지 여행이 축제를 즐기는 좋은 대안이 된다. 에히메는 도고 온센으로 유명한데 이 온천은 애니메이션 영화 〈센과 치히로의 행

© Artem Mishukov

도쿠시마의 전통 춤인 아와오도리 공연.

방불명〉의 모델이 된 곳이며 나쓰미 소세키의 인기 소설《도련님》의 배경이기도 하다. 가가와는 일본을 대표하는 우동 도시로서 명성이 자자하며, 원한다면 삼시세끼를 모두 우동으로 먹을 수 있을 만큼 그 맛이 훌륭하다.

오가사와라 제도

도쿄에서 약 1000km나 떨어져 있지만 여전히 행정구역상 도쿄에 속하는 오가사와라 제도는 일본의 낙원이라고 말할 수 있다. 이 제도는 2011년에 유네스코 세계유산으로 지정되었으며 태평양 한가운데에 고립된 위치 때문에 일본의 다른 지역에서는 찾아볼 수 없는 자생 동식물들이 서식한다. 그곳으로 가는 유일한 방법은 24시간 동안 여객선을 타는 것이며 섬들을 모두 여행하려면 적어도 일주일은 잡아야 한다.

유네스코 세계유산

2017년 현재 일본은 16곳의 문화유산과 4곳의 자연유산이 유네스코 세계유산으로 지정되어 있으며 몇 년 이내에 등재될 예정인 후보지도 몇 군데 있다. 유네스코의 인정을 얻는 것은 해당 장소들에는 기회인 동시에 부담이 되기도 한다. 일단 유네스코 유산으로 지정되면 관광객이 늘어 주민들의 생계에 도움이 될 테지만 많은 장소가 아직은 외부인의 갑작스러운 유입에 대처할 준비를 하지 못했기 때문이다. 그렇지 않아도 취약해질 대로 취약해진 생태계의 훼손이 두려워서 너무 많은 관광객을 수용할 수 없는 자연유산들은 진퇴양난의 상황에 처하고 만다.

해변

일본에서 해변은 1순위 관광 명소가 아니다. 그러나 오키나와나 아마미오시마, 오가사와라 제도 같은 남쪽 섬을 방문한다면 얘기가 달라진다. 깨끗하고 맑은 바닷물이 수영과 스노클링을 하기에 훌륭한 공간을 제공하며 해변에서의 휴가를 완벽하게 만들어준다. 다른 동남아 국가들에 비해 값은 좀 비싸지만 스쿠버다이빙도 즐길 수 있다. 한편 서퍼들에게는 태평양을 면한 해안이 최고의 장소다. 미야자키 현과 가나가와 현, 지바 현에서 인기 서핑 포인트를 찾을 수 있다. 간토 지방도 도쿄 만에 해변이 몇 개 있지만 수질오염 때문에 수영(또는 머리를 물속에 담그는 것)이 금지되어 있다.

온천

온천은 일본 최고의 관광 명소 중 하나이며 거의 모든 현마다 대중목욕탕이 있다. 현지인들은 온천이 건강에 좋다고 확신하고 있으며 온천에 몸 담그는 것을 좋아하지 않는 일본인은 찾아보기 힘들다. 온천은 춥고 눈 내리는 겨울에 특히 인기

자연온천에서는 일본원숭이도 온천을 즐긴다.

가 좋으며, 무덥고 습한 여름에도 온천욕을 하면 열을 내려준다는 말이 있다. 나는 처음에는 그 말을 믿지 않았지만 지금은 마음이 바뀌어서 1년 내내 온천에 간다. 군마 현과 오이타 현의 벳부 지역은 일본에서 가장 인기 있는 자연온천이 있는 곳들이다.

온천의 종류로는 자연온천과 인공온천 그리고 두 가지를 혼합한 온천이 있다. 자연온천은 수원에서 직접 물을 제공하며 다른 수단으로 물을 식히거나 가열해서 원하는 온도로 맞춘다. 흔히 센토(대중탕)로 알려져 있는 인공온천은 주로 뜨거운 물에 입욕 소금을 타서 만든다. 대부분 도시에서 센토를 찾을 수 있으며 옷을 벗고 물속에서 현지인들을 만나는 독특한 경험을 할 수 있다. 탕에는 항상 옷을 벗고 들어가야 하지만 야외온천에서는 수건이나 상의를 제공하기도 한다.

디즈니 리조트

도쿄 디즈니 리조트는 디즈니 애호가들의 메카와도 같은 곳이다. 디즈니랜드와 디즈니씨, 이렇게 두 개의 놀이공원으로 이루어져 있으며 캘리포니아 애너하임에 있는 것보다 규모가 조금 더 크다. 이름에 도쿄가 붙지만 이웃한 지바 현에 위치해 있다(나리타 공항도 이곳에 있다). 모든 디즈니 리조트와 마찬가지로 이곳에서는 일 년 내내 모든 연령대를 즐겁게 하는 테마 축제가 열린다. 두 공원은 별도의 입구가 있으며 입장료는 각각 7400엔이다(2017년 3월 현재). 디즈니랜드에는 엄격한 '금주' 규칙이 있는 반면 디즈니씨에서는 맥주를 팔기 때문에 성인들에게 더 매력적이다. 최신 정보는 리조트의 웹사이트를 참조하시라(www.tokyodisneyresort.jp/kr/).

키자니아

키자니아는 세 살 이상 아이들이 여러 직업을 체험해볼 수 있는 어린이 체험 테마파크다. 아이들이 소방관과 경찰관 같은 공무원이나 접객원, 운전기사가 되어 시설 내에서 사용할 수 있는 돈을 번다. 시세이도, 아나, 모스버거 같은 국제적 브랜드가 대부분 입점해 있다. 활동과 설명은 주로 일본어로 이루어지지만 영어로 된 프로그램도 있다.

혼자 여행하기

일본은 여성이 혼자 여행하기에도 좋은 나라다. 많은 장소가 솔로 여행객을 맞이하기에 적합한 시설을 갖추고 있으며(일 때문에 혼자 오가는 비즈니스맨이 많기 때문에) 혼자 다닌다고 이것저것 캐묻거나 이상한 눈으로 보지 않는다. 이 나라에서는 혼자 식사를 하는 것도 드문 일이 아니다. 1인용 식사가 인기를 끌고 있고, 많은 레스토랑에서 혼밥족을 위한 소량의 야키니쿠(구운 고기)와 1인용 냄비 요리를 제공한다. 일반적으로 가장 좋은 방법은 바에 앉는 것이다. 바에 있는 자리는 언제나 그 집에서 최고 명당이다.

다른 나라에서와 달리 일본에서는 사람들이 음식을 주문하러 가거나 화장실에 가면서 소지품을 자리에 그냥 두고 가는 것을 흔히 볼 수 있다. 가방 걱정 없이 열차에서 잠을 잘 수 있다는 점도 일본을 여행할 때 누릴 수 있는 특권이다. 범죄율이 낮은 국가이기 때문이지만, 그럼에도 항상 손쉬운 표적이 되지 않도록 조심하는 것이 현명하다.

숙박 시설

비즈니스호텔

하루 이틀 정도라면 캡슐 호텔도 신선하게 느껴질지 모르지만 침상에서 일어날 때마다 계속 머리를 부딪치다 보면 아마도 비즈니스호텔이나 호스텔을 고려하게 될 것이다. 원래 출장 중인 비즈니스맨을 위한 시설로 개발된 비즈니스호텔은 대부분 역 가까이에 위치해 있기 때문에 여행자를 위한 저렴한 대안이 되었다. 여행자가 하루 묵기에 필요한 모든 것이 구비되어 있으며, 관을 연상시키는 캡슐 호텔보다는 훨씬 큰 방을 비교적 저렴한 가격에 제공한다.

러브호텔

러브호텔은 일본에서 평판이 나빠서 많은 사람이 그곳에 가봤다고 인정하기를 꺼린다. 그럼에도 외국인 여행자들이 선택할 수 있는 대안 중 하나이며 일반적인 호텔이나 호스텔보다 흥미로운 곳이다. 러브호텔은 로비에서건 주변 어디서건 사람을 거의 볼 수 없다는 것이 특징이다. 대도시 특정 구역이 아니라면 러브호텔에서 남자 두 명이나 혹은 세 사람이 한 방을 구하는 것은 거의 불가능할 것이다(접수계도 없고 로비에 아무도 없지만).

러브호텔을 식별하는 가장 좋은 방법은 저급한 이름과 현란한 네온 불빛이다. 또한 '여기 왜 안 어울리게 저런 이상한 호텔이 있지?' 하는 느낌이 든다면 러브호텔이 맞을 것이다. 보통 입구에 있는 메뉴 패널에서 이용할 수 있는 객실의 사진을 보고 고르는데 사진에 불이 꺼진 객실은 이용할 수 없다. 요금은 '휴식'(주로 낮 시간)을 위한 요금과 '숙박'을 위한 요금으로 구분되며, 러브호텔은 비밀스러움을 지향하기 때문에 요금도 주로 객실에서 사무실로 연결된 기송관(압축 공기를 이용해 전용 배관으로 서류 등을 운반하는 장치. 에어슈터라고도 한다)을 통해 지불하게 되어 있다.

료칸

전통적인 숙박업소에 머물면서 제대로 된 일본식 대접을 받아보고 싶다면 료칸만 한 곳이 없다. 근사한 료칸에 머물려면 꽤 큰돈이 들지만 맛있는 음식과 온천 등의 부대시설을 마음껏 즐길 수 있다. 솔로 여행객이 아니라면 료칸을 예약하기는 쉽다. 소문에 의하면 일부 료칸에서는 혼자 여행 온 사람이 혹

© POM POM

료칸에서는 일본 전통식 다다미 방을 체험할 수 있다.

하룻밤쯤은 묵어볼 만한 캡슐 호텔.

시 자살이라도 할까봐 숙박 요청을 거부한다고 한다.

민박과 펜션

민박과 펜션은 가정식 숙박이다. 이용할 수 있는 방의 개수가 제한적이지만 보통은 숙박업소 주인 가족이 직접 만든 일본 가정식 요리를 맛볼 수 있다. 민박과 펜션의 주된 차이는 잠자리 형식인데 민박은 후톤 위에서 잠을 자는 전통 일본식에 가까운 반면 펜션에는 서구식 침대가 있다. 방마다 개별 화장실이 있을 수 있지만 민박이건 펜션이건 욕실은 공동으로 사용하는 경우가 많다.

리조트

리조트는 가족 지향적인 숙박지다. 거품 경제 시절에 세워진 리조트들은 내부에 거의 모든 시설을 갖추고 온갖 먹거리와 즐길 거리를 제공하는 비교적 규모가 큰 장소들이다. 온천 리조트와 해변 리조트가 현지인들에게 인기다.

8
일본어 이해하기

나는 감정적으로 내뱉는 말이 이성적으로 생각해서 한 말보다
더 큰 삶의 진실을 담고 있다고 믿는다.

— 나쓰메 소세키, 《마음》

영어로 소통하기

일본은 학교에서 의무적으로 영어를 가르치고 있으므로 젊은 세대는 영어로 어느 정도 의사소통이 가능할 것이라고 생각하기 쉽다. 그런데 영어를 가르치러 일본에 오는 사람들은 아무래도 행운을 빌어야 할 것 같다. 다른 일자리를 찾아 왔거나 휴가 여행을 위해 온 사람들도 행운이 필요하긴 마찬가지다.

일본인이 영어를 공부하는 방법을 보면 그 목적이 흥미를 유발하거나 미래를 위한 기술을 연마하는 데 있다기보다 시험 합격에 있는 것 같다. 아이들은 대체로 선택의 여지가 없는 무언가에 흥미를 느끼지 못하는데 인격이 한창 형성되는 학창 시절에 의무적으로 배워야 하는 영어도 그 중 하나일 것이다. 일본에서 영어 교육이 시작된 이후로 여러 세대가 지나도록 어린이와 성인 모두 여전히 영어를 잘할 줄 모르는 것을 보면 교육 시스템에 뭔가 문제가 있어 보인다. 토플과 IELTS 같은 국제적 영어 평가에서 거의 만점에 가까운 점수를 받고도 영어를 할 때마다 말을 더듬거나 헷갈려 하는 사람들이 있다. 반대로 한 번도 해외에 나가본 적이 없지만 영어를 완벽하게 하는 사람들도 간혹 만날 수 있는데, 정말이지 희한한 일이다.

짧은 문장을 천천히 말하고 단순한 어휘를 이용하면 이해에 도움이 되지만 큰 소리로 말하는 것은 상대가 청각에 문제가 있을 때를 제외하면 별로 도움이 되지 않는다. 일본인이 당신 말에 즉시 대답하지 않는다 해도 인내심을 잃지 마시라. 외국어를 뇌에서 처리하는 데는 시간이 걸리는 법이다. 일본인 대부분은 단순한 영어 정도는 이해한다. 말이 통하지 않는다면 글로 쓰는 것도 좋은 방법이다. 억양과 발음 차이 때문에 대개는 읽는 것이 듣기보다 쉬울 수 있다.

일본어로 소통하기

언어를 배운다는 측면에서 외국인에게 일본어는 난이도가 낮아 보일 것이다. 일반적으로 실례한다는 표현(스미마셍)과 고맙다는 표현(아리가또 고자이마스)을 5분 안에 배울 수 있다. 당신이 제일 먼저 이 말을 건넨 일본인은 아마도 "일본어 잘 하시네요(니혼고 조즈 데쓰네)"라는 말로 칭찬해줄 것이다. 일본에 와서 처음으로 이런 칭찬을 듣는다면 상당히 용기가 나고 기분이 좋겠지만 5년 이상 일본에 머물렀는데도 여전히 기본적인 일본어만 말할 수 있는 상황이라면 얘기가 달라진다. 어쨌거나 당신은 일 때문이건 즐거움을 위해서건 일본에 왔으니 적어도 그들의 땅에서 그들의 언어를 배우고 써보려는 성의라도 보이는 것이 좋다.

일본어에는 네 가지 주요 표기 방식이 있는데 히라가나, 가타카나, 한자, 로마자가 그것이다. 우선 일본어를 표기하는 두 가지 기본 문자로 히라가나ひらがな와 가타카나カタカナ가 있다. 일반적으로 히라가나는 토속적인 단어를 적을 때 쓰는 반면 가타카나는 외래어 등을 표기할 때 쓴다. 히라가나와 가타카나 철자를 익히는 데는 그리 오랜 시간이 걸리지 않으며 비록 단어 뜻을 몰라도 소리 내서 읽을 수는 있다.

일본 한자는 전통적인 중국어 표기법에 바탕을 두지만 어떤

대부분의 일본인은 각진 형태의 가타카나가 외국인이 배우기에 더 쉬울 것이라고 오해한다. 그래서 많은 외국인이 날마다 가타카나 때문에 얼마나 애를 먹는지 알고 나면 적잖이 놀란다. 한번은 일본어 수업 시간에 친구와 내가 강사의 설명 글에서 어떤 단어를 이해하지 못해 난감해했다. 강사는 우리가 일부러 모르는 척 장난치는 것이라고 오해해 화를 냈지만 마침내 우리가 정말로 모른다는 사실을 깨달았다. 참고로 그 단어는 커리큘럼(カリキュラム, 가리큐라무)이었는데 나는 아직도 그것이 커리큘럼으로 소리 나지 않는다고 생각한다. 일본에서 몇 년을 보냈건만 그 세월이 가타카나를 읽는 능력에는 전혀 도움이 되지 못했다. 내가 TV 앞에서 네 살배기 아이처럼 채널을 이리저리 돌리며 프로그램 목록을 한참 들여다보는 모습이나 가타카나로 글을 쓸 때 음절 표기법을 기억하지 못하거나 철자를 좌우 반대로 써서 쩔쩔매다가 결국 포기하는 모습을 목격한 내 친구들이 산 증인이다.

문자들은 상응하는 중국어 문자와 다른 의미를 갖는다는 데 주의해야 한다. 한자 발음 역시 중국어와 다르며 서로 바꿔 쓸 수 없다. 로마자란 일본어를 로마자로 표기하는 방법을 말하는데, 일본 사람들은 로마자 표기법에 통일된 표준이 없이 여러 방식을 사용한다.

기본적인 일본어 표기 방식을 익히고 나면 성조 차이를 익힐 차례다. 일본어에서 성조는 가볍고 아주 미묘해서 대부분 사람이 일본어에는 성조가 없다고 말한다. 중요한 것은 문장을 의문문으로 만들거나 평서문으로 만드는 억양, 그리고 사용한 단어의 뜻이 무엇인지 듣는 사람이 알게 하는 것이다. 원어민들은 예를 들어 '비'를 뜻하거나 '사탕'을 뜻할 수도 있는 'あめ'(아메)라는 단어가 의미에 따라 소리도 달라진다고 주장하는데 일본어를 배우는 학생의 귀에는 다 똑같이 들려서 종종 답답함을 느낀다. 반면에 '다리' 또는 '젓가락'을 뜻하는 단어 'はし'(하시)는 성조가 정말 다르게 들린다. 이런 것은 실제

일본 사람들과 소통하면서 배워야 하며 일본에 오기 전에 얼마나 많은 일본어 글을 읽었건 도움이 되지 않는다.

표준 일본어에도 쩔쩔맨다면 사투리는 엄두도 내기 힘들다. 그렇지만 어떻게 우리가 일본어 사투리를 익힐 기회를 그냥 놓치겠는가? 잘 알려진 사투리 중 하나는 간사이 지방, 또는 좀 더 구체적으로 말하면 오사카 사투리를 뜻하는 '오사카벤'이다. 인기 코미디언 중에 오사카벤을 섞어 쓰는 오사카 출신이 많아서 일본에서 가장 널리 알려진 방언이 되었다.

한편 '쓰가루벤'이라고 알려진 아오모리 현의 사투리는 가장 이해하기 힘든 방언이다. 내가 그 사투리를 처음 들었을 때 어찌나 어안이 벙벙했던지 러시아 말이나 상하이 말이라고 해도 믿었을 것이다. 쓰가루벤은 표준 일본어와 전혀 다르다. 내 친구 중 한 명은 일본어를 전혀 모르는 채로 시골 지역에서 일하게 되었다. 친구도 없고, 말도 할 줄 모르고, 흥미로운 모든 것들과 멀리 떨어진 곳에서 살게 된 친구는 그냥 틀어박혀서 일본어 공부에 매진하기로 작정했고, 2년 뒤에는 일본어 표준어뿐 아니라 지역 방언에도 능통한 사람이 되었다. 나는 그 친구의 일취월장한 일본어 실력에 놀라며 내게도 그런 강한 의지가 있으면 좋겠다고 아쉬워했다.

일본어를 체계적으로 배우고 싶다면 일본어학당을 찾아 수업을 받는 것이 좋다. 모든 대도시에서 일본어학당을 찾을 수 있고 수강료도 합리적인 편이다. 어떤 어학당은 종일반을 운영하고, 낮에 일하는 사람을 위해 저녁반이나 주말반을 운영하는 곳도 있다. 한편 지역에서 언어 교환 학습이나 자원자들이 운영하는 초보자 무료 수업을 여는 경우도 있으니 살고 있는 곳의 주민센터에 문의해보시라.

일본어를 어느 정도 익혔다면 다음 단계로 언어 시험에 도전해보면 좋은데 일본어능력시험(JLPT)이 그것이다. 일본재단과 일본국제교육지원협회에서 외국인의 일본어 능력을 평가하는 표준 척도로 활용하고 있는 이 시험은 1년에 두 번, 7월과 12월에 실시하며 응시료는 5500엔이다. 시험 등급은 초급자용 N5부터 최고 등급인 N1까지 5단계가 있다. N5 등급

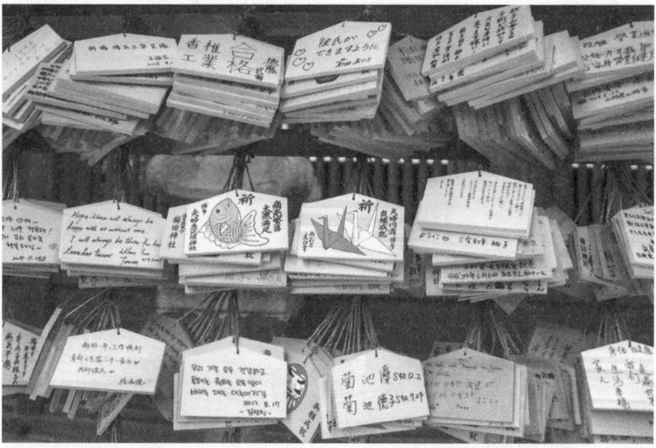

© Loes Kieboom

일본 사람들이 신사에 걸어놓은 소원 팻말. 일본어는 중국 한자에 기반하며
히라가나, 가타카나, 로마자 등 다양한 표기법을 쓴다.

© Ng KW

작은 식당의 메뉴는 주로 일본어로만 적혀 있어 음식을 고르고 주문하기가 쉽지 않다.

을 따려면 일본어 기본 문법과 읽기 능력, 한자 100여 자에 대한 지식을 갖춰야 하며 보통 325시간에서 600시간의 학습 시간이 필요하다. 등급이 올라갈수록 듣기와 문법이 어려워지고 외워야 할 한자도 많아진다. 최고 등급인 N1을 취득하려면 적어도 3500시간을 공부해야 하며 일반적인 고등학교 졸업자에게 요구되는 1900개 한자를 알아야 한다.

대화 시작하기

일본인과 담소를 나누려면 언어 능력과 함께 어느 정도의 문화적 이해가 필요하다. 상대가 보통보다 과묵하거나 당신이 원하는 만큼 말을 많이 하지 않는다 해도 그것은 당신 탓이 아닐 수 있다. 일본인들은 억지로 대화를 시도하려 하면 오히려 껍질 속으로 더 깊이 숨어버릴 가능성이 있으므로 주변을 살피고 '분위기를 읽은' 뒤 대화를 시도하는 것이 바람직하다. 열차에서 만난 사람에게는 조용한 인사와 짧은 대화 정도면 족하다. 어떤 일본인은 외국인과 대화할 때 어떤 얘기를 꺼내야 할지 몰라서 속으로 공황 상태에 빠지기도 한다. 그럴 때 그들은 그냥 입을 다물고 의사 표현을 회피하는 것이 상책이라고 판단할 수 있다.

외국인이 일본에 와서 깨닫는 한 가지는 대부분 사람이 실내에서 큰 소리로 말하지 않는다는 것이다. 많은 외국인이 실내에서 목소리를 낮추는 데 익숙하지 않아 현지인보다 큰 소리로 말하는 경향이 있다. 이곳에서는 모든 것에 때와 장소가 있으며 때로는 실내에서 잡담을 멈추는 것이 적절할 수 있다.

휴대폰 메시지 앱이 대유행인 이 현대 기술의 시대에 일본인에게 메시지를 보냈는데 한참이 지나도 답신을 받지 못해 어리둥절해지는 경우가 간혹 생긴다. 메신저 아이디나 전화의 이메일 주소를 바꾸기가 어렵지 않기 때문에 이렇게 갑자기 연락을 두절하고 잠수를 타는 것은 일본인이 흔히 쓰는 '절교' 방법이다. 나는 외국인들이 "일본인 친구가 정말 바쁜가 봐. 언제부턴가 내 메시지에 답을 안 하기 시작했어. 마지막으로 연락한 게 몇 년은 된 것 같아."라고 말하는 것을 수없이 들었다. 이것은 곧 그 친구가 잠수를 탔다는 뜻이며, 이제 그만 그를 포기할 때다.

한번은 내가 호기심이 발동해 습관적으로 메시지에 늦게 답하는 일본인 친구에게 왜 그러는지 물었다. 알고 보니 이유가 좀 시시했다. 영어로 답하기가 부담스러워 계속 미루다 보니 때를 놓쳐서 애매해진다는 것이었다. 내가 그녀에게 일본어로 답해도 좋다고 말한 뒤부터는 확실히 응답이 빨라졌다. 대단한 진전인 셈이다.

일본인을 부르는 호칭

일본어를 배울 때 존칭 접미사로 골머리를 썩을 수 있다. 일본어에는 그냥 어휘만으로는 충분하지 않고 추가로 붙는 것이 있다. '상'이나 '사마' 같은 접미사는 사람을 부를 때 정중함의 정도를 나타낸다. 가장 흔한 호칭은 성 뒤에 접미사 '상'을 붙여서 부르는 것으로 대개의 경우 무난하게 통한다. 좀 더 격식을 갖춰야 할 상황에서는 '사마'를 이용하면 되는데, 예를 들어 직원과 고객 간의 관계라든가 행사에서 귀빈을 소개할 때, 또는 황족을 칭할 때 '사마'를 붙인다. '군'과 '짱' 같은 접미사는 주로 손아랫사람이나 아이들에게 쓰며, 아주 친밀한 사이거나 본인이 그렇게 불리기를 원하는 경우가 아니라면 손윗사람에게는 쓰지 말아야 한다.

주의할 점은 이런 접미사를 본인에게는 붙이지 않는다는 것이다. 자신을 소개할 때는 그냥 이름 뒤에 '~입니다'에 해당하는 '데스' 또는 '~라고 합니다'에 해당하는 '또 모시마스'(좀 더 격식을 차린 표현)를 붙이는 것으로 족하다. 다시 말해 '이름+데스', 또는 '이름+또 모시마스'라고 말하면 된다.

그렇다면 '오캬쿠사마'는 어떠냐고, 일본어를 배우는 사람이 물을 수 있다. '오캬쿠사마'에는 존칭이 이중으로 들어 있다. 손님이라는 뜻의 '캬쿠'에 존칭 접두사 '오'와 접미사 '사마'를 결합한 것이다. 서비스 직원이 손님은 왕이라는 자세로 정중하게 호칭할 때 쓴다.

비언어적 의사소통

이탈리아만큼은 아니지만 일본 사람들도 대화할 때나 일상생활에서 몸동작을 많이 쓰는 편이다. 운전 중에 길을 양보한 운전자에게 고마움을 표할 때 수신호를 이용한다(비상등을 몇 초간 깜빡이는 것도 감사를 표하는 방법이다). 누군가의 앞을 가로지르거나 끼어들 때도 '실례한다'고 말하는 대신 허공에 손날치기 같은 동작을 하는데, 내가 일본이 아닌 곳에서 이 동작을 했다가 친구들이 당황하거나 재미있어 한 적이 있다.

일본인이 절을 하는 데는 여러 가지 이유가 있다. 무릎을 완전히 숙이고 이마를 땅에 대는 것은 '도게자'라고 하며 주로 사죄하는 방법이다. 팔을 옆구리에 붙이고 주먹을 쥔 채 90도로 인사하는 것은 상황에 대한 극도의 유감과 슬픔을 표현하는 방식으로, 주로 기자회견장에서 볼 수 있다. 45도 인사는 백화점에서 직원들이 일렬로 늘어서 고객들을 맞이할 때 볼 수 있다. 호텔과 료칸 직원들이 손님을 배웅할 때도 45도 인사를 한다. 그보다 짧게, 거의 고개를 재빨리 끄덕이는 것처럼 보이는 인사는 가벼운 인사법으로 누군가 있음을 알은 체하는 것에서부터 실수로 부딪친 것에 대한 빠르고 비격식적인 사과에 이르기까지 다양한 의미가 있다. 고개를 숙여 인사하는 것이 이곳에서는 일상적인 행동이어서 사람들은 전화 통화를 하면서도 종종 고개를 숙이곤 한다.

두 팔을 교차시켜 X자를 만들면 '아니다, 또는 안 된다'고 하는 신호다. 그러나 두 개의 검지를 이용해 X자를 만드는 것은 음식점에서 직원에게 계산서를 가져다 달라는 말이다. '아니다'는 마치 부채질을 하듯 상대의 얼굴 앞에서 손을 흔드는 동작으로도 표현할 수 있다.

돈은 엄지와 검지로 오케이 모양을 만들어 표시할 수 있는데 이때 손바닥이 위로 오게 해야 한다. 주먹을 쥔 채 새끼손가락만 펴는 것은 '여자친구'를 의미하고 엄지손가락을 위로

모호한 일본말

일본어에는 말이 전혀 되지 않거나 완전한 동어반복인 애매한 대답들이 있다. 이것은 긍정 또는 부정의 말을 직접 하기를 피하는 일본인의 성향 때문일 수 있다. 파티에 초대 받았을 때 일본인은 보통 "갈 수 있으면 갈게(行けたら行く, 이케타라 이쿠)"라고 답한다. 어정쩡한 대답의 대표적인 예로 보통은 파티에 가지 않을 것을 뜻하지만 그렇게 대답한 친구가 파티에 나타나 놀래킬 때도 있다. 행사에 초대받았는데 초대한 사람을 너무 기대하게 만들고 싶지 않다면 이 표현을 써보시라.

드는 것은 '남자친구'를 뜻한다.

줄임말과 약어

언어는 살아 있으며, 당연히 사람들이 일상적으로 쓰는 어휘에는 새로 포함된 신조어들이 많다. 줄임말도 그 중 하나로 일본 사람들은 특히 줄임말을 즐겨 쓴다. 다음은 일본에서 흔히 쓰는 줄임말과 약어의 목록이다.

축약형	원래 단어	의미
コンビニ 콘비니	콘비니엔스 스토아	편의점
デパート 데파토	데파토멘토 스토아	백화점
スターバト 스타바	스타바크스	스타벅스
ファミレス 파미레스	파미리 레스토랑	패밀리 레스토랑
パーキン 파킨	파스토 키친	퍼스트 키친(패밀리 레스토랑 체인)
31	사티 완	베스킨라빈스 아이스크림
けいたい 케이타이	케이타이 덴와	휴대 전화
スマホ 스마호	스마토 폰	스마트폰
ラブホ 라부호	라부 호테루	러브호텔
パソコン 파소콤	파소나루 콤퓨타	개인용 컴퓨터
プリクラ 푸리쿠라	프린토 크라브	프린트 클럽, 또는 즉석 스티커 사진을 찍는 기계
きむたく 기무타쿠	기무라 타쿠야	지금은 해체한 그룹 SMAP 출신의 유명 연예인
ブラフィー 브라피	브라드 피트	브래드 피트
OL	오에루	사무직 여사원
JK	조시 코세	여고생
KY	쿠키 요메나이	눈치 없는 사람

유용한 단어와 표현 모음

일상적 표현

おはようございます。 오하요 고자이마스	안녕하세요. (아침 인사)
おはよう。 오하요	안녕
こんにちは。 곤니찌와	안녕하세요. (오후 인사. 왜 그런지 등산을 하다가 사람을 만나면 아침에도 "곤니찌와"라고 인사한다.)
こんばんは。 곤방와	안녕하세요. (저녁 인사)
おやすみなさい。 오야스 미나사이 おやすみ。 오야스미	안녕히 주무세요.
はじめまして。 하지메 마시떼	만나서 반갑습니다. (처음 만나는 사람에게 쓰는 표현)
ひさしぶり。 히사시부리	오랜만이야. (한동안 보지 못한 친구에게 쓰는 인사말)
ごめんください。 고멘 구다사이	실례합니다. (상점에 들어갈 때나 도움이 필요할 때)
さようなら。 사요나라	잘 있어요. (격식을 갖춘 작별 인사. 생각만큼 많이 쓰지 않는다.)
じゃ、また。 자 마타 じゃ，またね。 자 마타네	안녕/또 봐요. ('사요나라'에 비해 자주 사용되는 작별 인사)
すみません。 스미마셍	실례합니다. (사과를 하거나 누군가의 관심을 끌기 위해, 또는 요청을 할 때 사용. 가령 누군가 당신을 도와줬을 때 미안함과 감사함을 표현할 때도 사용.)
どうも。 도모	'고맙다'를 뜻하지만 가벼운 인사말로도 쓰임. ('아리가또 고자이마스'나 '스미마셍' 앞에 붙여서 고마움이나 미안함을 강조할 수 있다.)
けっこうです。 겟코데스	괜찮습니다/아뇨, 됐습니다.
いいです。 이이데스	좋아요/아니, 됐어요.
はい。 하이	예.

いいえ。 이에	아니요. (일본인들은 대놓고 부정하기를 꺼리는 경향이 있기 때문에 자주 쓰지 않는다.)
ありがとうございます。 아리가또 고자이마스	대단히 고맙습니다.
ありがとう。 아리가또	고맙습니다.
どうぞ。 도조	자, 여기요. 어서요. (어떤 행동을 권하거나 유도할 때)
よろしく。 요로시쿠	잘 부탁해.
おねがいします。 오네가이시마스	부탁합니다. (명사 뒤에 사용할 수 있다. 예를 들어 "미즈 오네가이시마스"는 "물 좀 부탁합니다."를 뜻한다. 어떤 행동이 동반될 때는 단독으로도 쓸 수 있다. 예를 들어 누군가 당신에게 차를 태워줄 때 차에 타면서 "오네가이시마스"라고 하면 적절하다. 종종 '구다사이'와 바꿔 쓸 수도 있는데, 주된 차이는 '오네가이시마스'는 주로 누군가에게 부탁할 때 쓴다는 점이다.)
よろしくおねがいします。 요로시쿠 오네가이시마스	잘 부탁드립니다. (정중한 표현. 사업과 관련된 상황에서 처음 만나는 사람에게 "함께 일하기를 고대합니다."라는 뜻으로 이 말을 사용한다.)
ください。 구다사이	~ 주세요/~하세요. (주로 문장 끝에 붙여서 쓴다. 예를 들어 "미즈 구다사이"는 "물 좀 주세요."를 뜻한다. 종종 '오네가이시마스'와 바꿔 쓴다. 둘 사이의 주된 차이는 '구다사이'의 경우 주로 동사와 함께 쓰는데 그 동사가 항상 부탁을 의미하지는 않는다는 점이다. '구다사이'는 단독으로 쓸 수 없다.)
ちょっとまってください。 조또 마떼 구다사이	잠시만 기다려주십시오.
ごめんなさい。 고멘나사이	미안해요.
おじゃまします。 오자마시마스	(방해해서) 실례합니다. (이 표현은 주로 누군가의 집에 들어갈 때 쓴다.)
しつれいします。 시츠레이시마스	실례합니다. (이 표현은 주로 중간에 모임에 끼거나 빠질 때 쓴다. 종종 빠르게 고개를 숙이며 말한다.)
おめでとうございます。 오메데또 고자이마스	축하합니다!

おめでとう。 오메데또	축하해!
いってきます。 잇테키마스	다녀오겠습니다. (아침에 집에서 나가거나 점심 먹으러 자리를 떠날 때처럼 어떤 곳을 떠날 때 쓰는 말)
いっていらっしゃい。 잇테이랏샤이	다녀오세요. ('잇테키마스'에 대한 대답)
ただいま。 타다이마	다녀왔습니다. (퇴근 후 귀가했을 때처럼 어떤 곳으로 돌아왔을 때 쓰는 표현)
おかえりなさい。 오카에리나사이	다녀왔어요? 또는 어서 오세요. ('다다이마'에 대한 대답)
~ どこですか。 ~ 도꼬데스까	~이(가) 어디입니까?

쇼핑 및 식사

いくらですか。 이꾸라데스까	얼마입니까?
~ は ありますか。 ~와 아리마스까	~가 있습니까?
げんきん 겡킨	현금
クレジットカード 크레지또카도	신용카드
べんとう 벤또	도시락
ていしょく 테이쇼쿠	메인 요리와 샐러드, 밥, 국, 절임, 가끔 후식까지 포함된 정식
かいせき 가이세키	여러 코스로 구성된 일본 전통 요리
おまかせ 오마카세	요리 선택을 주방장에게 맡기는 것
みず 미즈	물
おちゃ 오차	뜨거운 차
お酒 오사케	술
なんにんですか。 난닌데스까	몇 명입니까?

~ にんです。 ~ 닌데스	~명입니다.
もちかえり 모치카에리	테이크아웃/가져갑니다.
てんないで 텐나이데	먹고 갑니다.
テーブル 테베루	테이블 자리
カウンター 카운타	바 자리
おおもり 오오모리	대자, 곱빼기
ふつう 후쯔	중자, 보통
すくなめ 스쿠나메	소자, 보통보다 적게
おかわり 오카와리	한 그릇 더
べつべつで 베츠베츠데	따로따로 (주로 가게에서 계산서 금액을 나눠서 지불할 때 사용)
いっしょで 잇쇼데	같이 (주로 지불할 때 사용)

직장이나 학교에서

おさきにしつれいします。 오사키니 시츠레이시마스	먼저 가보겠습니다.
おつかれさまでした。 오츠카레 사마데시타	수고하셨습니다. ('오사키니 시츠레이시마스'에 대한 대답. 말한 사람을 그날 마지막으로 볼 때만 쓴다.)
おつかれさまです。 오츠카레 사마데스	수고했어요/피곤하죠? (이 표현은 근무 중에 동료가 외근을 나갔다가 돌아올 때만 쓴다.)

기본적 한자

한자	발음	뜻
女	온나	여성
男	오토코	남성
名前	나마에	이름
生年月日	세이넨각삐	생년월일

歳	사이	나이
住所	쥬쇼	주소
電話番号	덴와방고	전화번호
駅	에키	역(기차역)
バス停	바스떼	버스 정거장
空港	쿠코	공항
銀行	깅코	은행
トイレ, お手洗い	토이레, 오테아라이	화장실
入口	이리구치	입구
出口	데구치	출구
非常口	히조구치	비상구

유용한 단어

こうばん 고오방	파출소
ゆうびんきょく 유빈교쿠	우체국
びょういん 보잉	병원
デパート 데파토	백화점
かいしゃ 가이샤	회사
がっこう 가코	학교
だいがく 다이가쿠	대학

トイレ 토이레	화장실
たくはい 타쿠하이	택배
きんえん 깅엥	금연
きつえん 키츠엥	흡연
たすけて 다스케테	도와주세요
ちかん 치칸	치한

9

일본에서 일하기

"삶에서 네 역할은 무엇이지?"

– 《서바이브 스타일 5+》, 2004년 영화

일본에서 사업을 하는 것은 진지한 문제이며 따라야 할 많은 규칙이 있다. 원하는 것을 얻기 위해 헤쳐 나가야 할 관료적 절차도 많다. 그러나 터널의 끝에는 항상 빛이 있으니 너무 낙담할 것 없다(물론 어떤 경우에는 중도에 포기하는 것이 최선일지도 모르겠다).

복장 규정

일본인은 외양을 무척 중시하기 때문에 일하는 사람들은 특히 옷차림에 신경을 써야 한다. 물론 재능도 중요하지만 일단 호감을 주는 모습으로 문지방을 넘는다면 싸움에서 반은 이기고 들어가는 셈이다.

대학졸업반의 구직 기간에는 몸에 잘 맞지 않는 어색한 정장에 각종 서류와 브로슈어가 가득한 무거운 가방을 든 앳된 얼굴의 젊은이들이 도처에서 눈에 띈다. 남자는 주로 검은 정장에 흰색 와이셔츠를, 여자는 흰 셔츠에 어두운 색 치마나 바지 정장을 입는다. 신발의 경우, 남자는 검은 가죽 구두, 여자는 굽 낮은 구두를 신는다. 직장인들은 근무 연차가 늘어갈수록 회사 내 문화와 맡은 역할에 익숙해지면서 복장 상태가 점차 개선되는데 이 때문에 사무실에서 누가 신입사원이고 누가 고참인지를 쉽게 구분할 수 있다. 어느 정도 시간이 흐르면 위계에 따른 패션의 변화가 안정기에 접어든다.

이런 사무실 복장은 디자인 및 예술 업계에서 일하거나 서비스업에 종사하는 사람에게는 적용되지 않는다. 서비스업은 주로 직장에서 가슴에 이름표가 달린 유니폼을 입으며, 디자인 및 예술 업계에 종사한다면 자신을 표현하는 어떤 복장이라도 가능할 것이다. 그러나 언제 필요한 일이 생길지 모르니 몸에 잘 맞는 정장 한 벌쯤은 옷장에 준비하는 것이 좋다.

사무실 인사

일본 사람들은 모든 상황에서 상투적인 표현을 즐겨 쓰는 편이다. 그런 표현을 익히고 지속적으로 사용하면 사무실 생활에 자연스럽게 동화될 수 있다. 언제 어디서나 자신의 이름과 일하는 부서, 회사에서의 직위 정도를 설명하는 간단한 자기소개 인사말을 준비해두시라.

명함

일본 사회에서는 명함이 없으면 아무것도 아닌 사람이 된다. 일본에서 '메이시'로 통하는 명함은 극도로 중요하며, 일과 크게 관련이 있건 없건 어떤 상황에서나 다른 사람을 만나 인사를 나눌 때 건네곤 한다. 그러니 출장을 갈 때는 명함을 충분히 챙겨가는 것을 잊지 말자! 명함이 바닥나서 상대에게 줄 수 없는 상황이 생기면 정말 민망한 일이다.

명함을 주고받을 때는 상대가 명함에 적힌 내용을 읽을 수 있도록 인쇄된 부분이 상대를 향하게 한다. 자기소개와 함께 고개 숙여 인사하며 양손으로 명함을 건넨다. 그 전후에 상대도 똑같이 할 텐데 역시 양손으로 받아야 한다. 명함을 받고 나면 잠시 읽는 시간을 갖는다. 명함을 받자마자 바로 자리에 앉아야 할 상황이라면 자신의 바로 앞쪽 테이블에 명함을 내려놓고 읽는다. 그리고는 명함에 적힌 이름으로 상대를 부른다. 상대가 앞에 있을 때 명함을 뒷주머니나 셔츠 주머니에 넣는 것은 실례이며 일단 명함 지갑에 넣었다가 모임이 끝난 후 정리하도록 한다.

이력서

이력서는 일본에서 아주 중요하다. 영어권 외국인을 위한 일자리의 경우 대부분 영문 이력서만 제출하면 되지만 미래의 회사에 특별한 인상을 주고 싶다면 구직 신청을 할 때 일본어 이력서를 함께 제출해도 좋다. 일본어 이력서 용지는 어느 문구점에서나 쉽게 구할 수 있다. 다음과 같은 핵심 사항을 알아두면 이력서를 쓸 때 유용할 것이다.

- 일본에서는 이력서에 여권용 사진을 첨부한다. 주요 역과 버스 정거장에 있는 사진 부스에서 속성 사진을 찍을 수 있으며 어떤 곳은 기능이 강화되어 사진이 화사하게 나온다. 일반 사진관에서는 가장 좋은 모습으로 보이도록 가벼운 보정 작업을 해준다.
- 신상 정보와 경력 정보를 연대순으로 기록한다.
- 일본어 이력서는 손으로 작성하는 것이 좋다. 필체는 그 사람의 됨됨이를 말해준다고 여겨지며, 깔끔하게 작성된 이력서는 잠재적 고용주에게 좋은 인상을 심어줄 것이다. 한편 요즘

은 컴퓨터로 입력한 이력서도 인기가 높아지고 있는데 업무에 중요할 수 있는 컴퓨터 사용 능력을 보여줄 수 있기 때문이다.

일본에서 창업하기

일본에서 창업을 생각하는 사람들에게 해줄 수 있는 공통적인 조언 하나는 충분한 창업 자본을 들고 오라는 것이다. 일본인은 단돈 1엔으로도 회사를 설립할 수 있지만 외국인이 회사를 설립하려면 적어도 500만 엔의 자본이 있어야 한다.

일본에서 설립할 수 있는 회사는 크게 두 종류가 있다. '가부시키 가이샤かぶしきがいしゃ'는 주식회사이고 '고도 가이샤ごうどうがいしゃ'는 유한책임회사이다. 사업체를 꾸릴 때 의도치 않게 법을 위반하는 일이 없도록 신뢰할 수 있는 세금 및 이민 관련 자문을 구하는 것이 좋다. 일본무역진흥기구(JETRO)는 일본에서 창업하는 방법에 관한 몇 가지 조언을 제공하고 있다.(www.jetro.go.jp/en/invest/setting_up/)

일본에서는 음식점과 술집, 카페 등이 평범하고 흔한 창업 아이템이지만 외국인들은 관광 관련 사업을 시작하는 경우가 많다. 관광가이드 자격증 없이 관련 사업을 하는 것은 불법이다. 일본관광청(www.mlit.go.jp/kankocho/ko/index.html)에서 여행업계의 활동에 관한 상세한 정보를 얻도록 한다.

일본 회사에서 일하기

세계 3위의 경제대국인 일본의 노동자는 세계에서 가장 열심히 일하는 일꾼 중 하나다. 많은 사람이 일을 시작하기 전에 근로 계약을 맺는데, 한때는 일자리 보장이 거의 철밥통에 가까웠지만 지금은 기업들의 구조조정으로 인해 인원 감축과 해고 위험 같은 잠재적 고용불안에 직면해 있다. 일부 회사는 임시방편으로 파견직 노동자를 고용해 인원 부족을 메우기도 한다.

일본의 직장 문화에서 이상한 점 중 하나는 상사가 퇴근할 때까지 부하 직원이 좀처럼 퇴근하지 못한다는 것이다. 물론 법적으로는 근무시간이 지나면 누구나 퇴근할 수 있지만 대부분은 상사가 근무 중이면 그냥 남는 쪽을 택한다. 그러니 일본 회사에서 일하려면 장시간 근무를 각오하는 편이 좋다.

이곳에서는 사무실에 오래 머물수록 열심히 일한다고 인식하는 것처럼 보이며, 몸이 아파도 죽을 정도가 아니면 회사에 출근할 수 있다고들 생각한다. 많은 일본 직장인은 병가를 내서 다른 직원에게 불편을 끼치느니 차라리 마스크를 쓴 채 아픈 몸을 이끌고 출근하는 쪽을 택한다. 아플 때는 괜히 출근해서 다른 사람을 감염시킬 것이 아니라 그냥 집에서 쉬며 빨리 회복하는 편이 낫다는 논리가 여기서는 통하지 않는 모양이다.

일본에는 노동자를 보호하기 위해 멋지게 쓰인 법이 많지만 회사가 실제로 법을 따르는지 확인하는 데는 아무도 관심을 갖지 않기 때문에 그런 법들은 상당 부분 장식품에 불과하다. 행여 내부고발자라는 이유로 일자리를 잃고 평생 낙인찍힐 것이 두려워 신고하려는 사람도 없다.

가장 흔한 위반은 회사가 직원들에게 기대하는 초과근무다. 많은 근로계약서에 근무시간은 주중 오전 9시에서 오후 5시 30분까지라고 명시되어 있지만 실제로 그것을 지키는 회사를 찾기란 하늘에서 별 따기다. 많은 직장인이 하루에 10시간에서 16시간씩 일하며 일주일에 6일간 일하는 경우도 있다. 회사는 특정 조건에서 직원들이 규정보다 오랜 시간 일하도록 노조와 협상할 수 있다.

2016년 일본의 대형 광고회사 덴쓰는 직원들의 초과근무 문제로 언론에 대서특필되었다. 한 젊은 사원이 과로로 인한 스트레스로 자살하면서 문제가 불거진 것이다. 이 사건에서 밝혀진 덴쓰의 최대 초과업무 시간은 놀랍게도 한 달에 70시간이었다. 이를 환산하면 주5일 근무제를 기준으로 하루에 11.5시간을 일한 꼴이 된다. 또한 노동부 관리들이 덴쓰 본부와 지사들을 기습 조사한 결과 적어도 30명 이상의 노동자가 초과근무 시간을 100시간 이상 축소 기재한 사실이 밝혀졌다. 회사가 그 노동자의 죽음에 대한 형사책임을 지게 될지, 그리고 다른 초과근무 직원에 대해서도 책임을 추궁 당하게 될지는 아직 미지수다.

© Benny Marty

일본 직장인의 하루는 콩나물시루 같은 열차 안에서부터 시작된다.

동료들과 어울리기

일본 직장생활에서는 동료들과 밖에서 시간을 보내는 것이 일상적인 활동이다. 주로 근무시간 후에 모여서 비공식적으로 술을 마시거나 회식을 한다. '보넨카이'라고 하는 회사의 공식 망년회는 일반적으로 음식점이나 연회장에서 진행되며, 어떤 회사는 휴일을 정해서 사원 전체가 같은 곳으로 함께 여행을 가거나 큰 회사라면 사원들에게 선호하는 휴가를 선택하게 하고 회사가 비용 일부를 부담하는 '사원 여행(셴 료코우)'을 준비하기도 한다.

고객을 위한 접대 예산이 있는 경우, 음식점에서 식사를 대접하고 저녁 시간에 유흥을 제공하는 것이 지속적인 거래와 지원을 얻는 한 가지 방법이다.

일과 세금

소득세 신고 마감일은 매년 3월 15일이다. 당신이 한 회사에서 급여를 받는 직원으로 일한다면 회사가 당신 대신에 세금을 납부할 것이다. 만일 여러 회사를 위해 일한다면 직접 서류 작업을 해야 한다. 서류 양식이 무척 복잡해 보이지만 사실 계산할 것은 그리 많지 않다. 1년에 납부해야 하는 세금의 액수는 전년도 임금에 따라 달라진다. 고용 첫해에는 전년도 임금이 없으니 세금을 내지 않아도 되지만 그 다음해에 만일 전년도에 비해 임금이 줄었다면 부과된 세금이 부담스러울 것이다. 국세청 웹사이트(www.nta.go.jp/foreign_language/index.htm)에서 세금에 관한 상세한 정보를 얻을 수 있다.

10

일본 속성 노트

"올해도 또 현현마다 추수한 곡물들이 왔구나.
내가 받은 그들 노동의 결실이 기쁘고 감사하도다."

– 아키히토 일왕의 와카(일본 전통 정형시), 헤이세이 27년(2015년)

일본 국가 정보

공식 명칭 일본

수도 도쿄

국기 일장기. 흰색 바탕 중앙에 붉은색 원.

국가 기미가요(군주의 치세)

시간 그리니치 표준시 + 9시간(우리나라와 동일)

위치와 국토 일본은 태평양 서쪽 북반구에 위치해 있다. 북쪽의 홋카이도와 본섬인 혼슈, 시코쿠(혼슈 남서쪽), 남쪽의 규슈, 이렇게 4개의 섬으로 이루어져 있으며 남쪽 바다에 위치한 오키나와 제도를 포함한다.

국토 면적 37만 7962㎢

가장 높은 산 후지산(3776m)

기후 북부의 온대 기후에서 남부의 열대 기후까지 걸쳐 있다.

인구 총 1억 2700만 명(2016년 현재). 도쿄 도는 약 1362만 명으로 일본 전체 인구의 10분의 1 가량을 차지한다. 몇몇 다른 현을 포함한 도쿄 광역권의 인구가 총 3600만 명이다.

인종 집단 일본인이 인구의 99%를 차지한다. 나머지 1%는 한국인과 중국인, 필리핀인, 브라질인으로 구성되어 있다.

종교 신도, 불교, 기독교

언어와 방언 일본어 및 지역 사투리

정부 의원내각제 입헌군주국

국가원수 1989년 1월 7일에 즉위한 아키히토 천황(헤이세이 천황)

행정 구역 1도都(도쿄 도)와 1도道(홋카이도), 2부府(오사카 부, 교토 부), 43현県, 이렇게 총 47개 행정구역으로 이루어져 있다.

대도시(인구 기준) 도쿄, 요코하마, 오사카, 나고야, 삿포로, 후쿠오카, 고베, 가와사키, 교토, 사이타마

통화 엔(JPY)

국내총생산(GDP) 4조 3830억 달러(2015년 현재)

농산물 쌀, 과일 및 채소

기타 생산품 유제품, 달걀, 어류, 돼지고기, 쇠고기, 가금류

산업 화학제품, 전자제품, 기계류, 자동차, 가공식품, 선박, 스틸, 직물의 주요 생산국

주요 수출품 화학제품, 전기 기계류, 자동차, 반도체

항구 지바, 하카타, 이시노마키, 가와사키, 기타큐슈, 고베, 나고야, 나하, 오사카, 센다이, 시미즈, 시모노세키, 도쿄, 쓰루가, 욧카이치, 요코하마

공항 나리타 국제공항(NRT), 하네다 국제공항(HND), 간사이 국제공항(KIX), 후쿠오카 공항(FUK), 센트리아 중부국제공항(NGO)

• 일본의 유명 인물 •

아키히토 천황

1989년 1월 7일에 즉위한 아키히토 천황은 오랫동안 이어져온 군주 가문의 후손으로, 그의 가문 혈통은 2000년 전까지 거슬러 올라간

다. 천왕은 절대 이름으로 불리지 않으며 종종 텐노(천황) 또는 텐토 헤이카(천황 폐하)라고 불린다. 천황과 황후는 슬하에 아들 둘과 딸 하나를 두고 있다. 딸은 평범한 시민과 결혼하면서 왕족 신분을 포기했고 나루히토 황태자는 마사코 황태자비와 결혼해 외동딸 아이코 공주를 두고 있다.

무라카미 하루키

국제적으로 인정받는 작가 무라카미 하루키는 특히 초현실적인 배경에서 펼쳐지는 이야기로 유명하다. 그의 일본어 작품은 많은 언어로 번역되었으며 그중에서도 《양을 쫓는 모험》과 《상실의 시대》가 특히 유명하다. 후자는 2010년 영화로 제작되기도 했다.

마야자키 하야요

애니메이션의 신이라고 칭송받는 미야자키 하야오는 〈이웃집 토토로〉 〈센과 치히로의 행방불명〉 〈원령 공주〉 같은 애니메이션에서 흥미로운 이야기와 강렬한 영상으로 관객에게 즐거움을 선사한 애니메이션 영화 제작사, 스튜디오 지브리의 실세다.

SMAP

나카이 마사히로, 기무라 타쿠야, 이나가키 고로, 쿠사나기 츠요시, 카토리 싱고, 이렇게 다섯 멤버로 구성된 지금은 해체된 아이돌 그룹이다. 이들은 일본과 동남아시아에서 여전히 인기가 뜨겁다. SMAP 멤버가 출연한 드라마나 다양한 프로그램은 높은 시청률을 기록하고 있고, 심지어 이들은 SMAP×SMAP이라는 그룹 이름을 내건 TV 프로그램에서 요리 솜씨를 뽐내고 특별 게스트를 초대해 토크를 진행하고 다른 음악가들과 무대에 오르기도 했다.

가볼 만한 곳

아베노하루카스

오사카 시 텐노지 역에 위치한 아베노하루카스 빌딩은 높이가 300m

히메지 성의 천수각. 천
수각은 일본 성 건축에서
가장 특징적인 부분이다.

에 이르는 일본에서 가장 높은 빌딩이다. 58층에서 60층까지 전망대가 있으며 건물 내에는 호텔과 사무실, 백화점이 자리 잡고 있다.

히메지 성

고전적인 일본 성 건축의 가장 정교한 예 중 하나. 이 성은 국보이자 유네스코 세계유산으로 지정되어 있으며 천수각이 남아 있는 일본 봉건주의 시대의 성 12곳 중 하나다.

비와 호

일본에서 가장 큰 호수로 면적이 670㎢에 이른다(싱가포르 전체 면적과 비슷하다).

후지 산

일본에서 가장 높고 가장 잘 알려진 산. 어리석은 사람만 후지 산을 두 번 오른다는 말이 있다. 사실을 말하자면 이 산은 멀리서 보았을 때가 가장 아름답다.

사쿠라지마

사쿠라지마는 가고시마 만에 위치한 섬으로 일본에서 가장 활발한 활화산 중 하나다. 하루에도 몇 번씩 작은 분출이 일어난다. 관광객은 이 섬을 자유롭게 여행할 수 있으며 하룻밤 머물기를 희망하는 사람들을 위한 숙박 시설도 있다.

일본을 대표하는 풍경, 후지 산.

문 · 화 · 퀴 · 즈

CULTURE QUIZ

CASE 1

사무실이나 교실에서 당신 옆자리에 앉아 있는 일본인이 꽃가루 알레르기 때문에 계속 코를 훌쩍인다. 3일이 지났건만 훌쩍임은 멈출 줄 모른다. 그에게 그렇게 심한 알레르기가 있는 것은 안 됐지만 어떻게 훌쩍임을 멈추게 할 것인가?

A. 휴대용 휴지를 건넨다.

B. 그에게 알레르기 약이 있는지 묻는다.

C. 그에게 아예 코를 풀어버리고 더 이상 훌쩍이지 말라고 대놓고 말한다.

조언 일본에서는 사람들 앞에서 코를 훌쩍이는 것과 코를 푸는 것 중에 훌쩍이는 쪽이 더 용인되는 행동이다. 대부분은 누군가 훌쩍거려도 개의치 않거나 아예 눈치조차 채지 못하는 것처럼 보인다. 훌쩍거리는 것에 대한 장기적인 해결책은 없지만 a)나 b)가 상황을 일시적으로 완화할 수도 있다. 상대가 조심스럽게 코를 닦거나 가볍게 코를 풀어서 한동안은 훌쩍임을 멈출 수 있을 것이다. c)는 무례한 반응이며 상대가 친한 친구여서 그런 일로 민망해하지 않을 것이라고 확신하는 경우가 아니면 절대 시도해서는 안 된다.

◎ CASE 2

당신은 주말에 산간 지역에 있는 온천 리조트로 초대를 받았다. 이번이 첫 번째 휴가이자 업무를 벗어나 어딘가로 떠나는 첫 번째 여행이기 때문에 마음이 설렌다. 그러나 온천이라는 곳이 사실은 사람들이 벌거벗은 채 때로는 좁은 공간에서 함께 몸을 담그는 뜨거운 탕이라는 것을 알게 되자 얘기가 달라진다. 당신은 사람들 앞에서 벌거벗는 것이 불편하다. 아니면 옷에 감춰져 보이지 않는 문신이 몸에 있다. 이런 곤란한 상황에서 어떻게 벗어나야 할까?

A. 주말에 바쁘다는 핑계를 대고 설레던 휴가를 그냥 흘려보낸다. 아파트에 혼자 앉아서 주말을 보내며 그저 한숨만 짓는다.

B. 당신은 방에서 샤워를 할 수 있을 테니 어쨌거나 여행을 간다.

C. 대중온천에 가는 것을 피할 방법을 묻고 방법이 없다면 주말 계획은 포기한다.

조언 뜨거운 탕에 몸을 담그는 것은 일본에서는 거의 일상적인 활동이다. 아이들은 어린 나이부터 대중탕을 경험하고 대부분 나이가 들면 친구들과 온천에 가는 것을 전혀 꺼리지 않는다. 온천 마을은 인기 있는 주말 휴가지이며 대체로 경치가 좋다. 여기서 최선의 선택은 예산에 따라 b) 또는 c)가 될 것이다. 가릴 수 없는 큰 문신은 대체로 대중온천에서 금기사항이다. 대부분의 온천 료칸 시설에는 개인용 욕탕이 있는데 추가 비용을 지불하면 예약할 수 있다. 아예 온천탕이 딸린 방을 예약하는 것도 대안이 될 수 있지만 값이 비싸고 여러 사람이 방을 함께 쓸 경우 쉽지 않다. a)는 주말을 놓친다는 것을 뜻하며 모두가 온천으로 떠났을 때 혼자서 무척 외로울 것이다.

◎ CASE 3

당신은 일하러 일본에 가는데, 일본에 대해 읽은 모든 안내서에는 사무실 사람들에게 줄 기념품을 가져가라고 적혀 있다. 가장 궁금한 것은 몇 개를 챙겨가야 할까, 그리고 어느 정도 가격대가 적당할까이다. 당신이라면 어떻게 하겠는가?

A. 큰 가방에 모두에게 돌아갈 만한 각종 캔디를 넣어간다.

B. 당신과 함께 일할 사람들이 몇 명인지 정확히 파악한 후 그 수에 맞게 기념품을 챙겨간다.

C. 상사에게는 좀 더 비싼 선물을, 다른 사람들에게는 더 작은 선물을 준비한다.

D. 아무것도 가져가지 않는다. 너무 번거로운 일이고 어차피 당신은 기념품을 챙기는 부류의 사람이 아니다.

조언 가장 부적절한 방법은 당연히 d)다. 일본은 선물을 주는 문화가 발달해 있다. 물론 사람들이 새 직원으로부터 선물을 기대하지는 않을 것이기 때문에 아무것도 가져가지 않는다고 흉 잡힐 일은 없다. 다만 일본 문화에서 선물은 일종의 성의 표시이며, 당신이 다른 나라에서 온 경우라면 특히 효과가 클 것이다.

a), b), c)는 모두 똑같이 타당한 방법이며 사무실 규모와 당신이 쓰고자 하는 예산에 따라 달라진다(주머니를 거덜낼 수야 없지 않은가?). 기념품으로는 당신이 사는 지역에서 파는 사탕 같은 작은 물건이나 당신의 국가를 상징하는 장신구 같은 것이 좋다. 쉽게 나눠주기 위해 개별 포장한 식품이라면 가장 좋겠지만 초콜릿 한 박스를 꺼내서 모두 함께 나눠 먹게 하는 것도 나쁘지 않다. 나라면 상사에게는 조금 더 좋은 선물을 하고, 큰 가방에 나머지 사람들에게 나눠줄 각종 캔디를 채워가겠다. 하지만 이건 어디까지나 내 선택일 뿐이다.

CASE 4

당신은 한동안 일본에서 생활했고 주변의 모든 사람이 당신을 계속해서 칭찬한다. 당신은 그저 "아리가또 고자이마스(고맙습니다)"라고 말했을 뿐인데 "일본어 잘하시네요."라고 하거나 식당에서 저녁을 먹는데 "젓가락질 참 잘하시네요."라고 말하는 식이다. 처음 스무 번쯤은 그런 말을 들으면 용기가 솟았고 다음 스무 번쯤은 재미있었지만 이제는 점차 진부하게 느껴지고 '빈말' 같은 칭찬을 듣는 데 슬슬 인내심의 한계가 느껴진다. 다음에 당신을 칭찬하는 사람에게 어떻게 반응해야 할까?

A. 미소를 지으면서 당신은 결코 잘하는 것이 아니며 좀 더 연습이 필요하다고 말한다.

B. 다음에 그들이 포크와 나이프를 사용할 때나 그들이 영어로 "땡큐"라고 말할 때 칭찬해준다.

C. "고마워요. 당신도 잘하시는데요."라고 대답한다.

D. 시들한 미소를 짓고 그들이 보지 않을 때 눈알을 굴린다.

조언 a)가 최선의 선택이며 당신이 이곳에서 5년, 10년을 살아도 마찬가지다. 당신이 젓가락을 사용하며 성장했더라도, 당신이 일본어를 전공했고 일본에서 얼마나 오래 살았더라도 마찬가지다. 이런 칭찬에 대한 표준적인 대답은 "이야, 마다마다데스(아니요, 아직 아닙니다)"다. 일본 사람들은 외국인이 자신들의 문화를 배우는 것에 대한 기대치가 낮고 어떤 식의 노력이든 좋게 봐준다.

b)처럼 빈정거리면 당신이 진심이라고 생각할 것이기 때문에 원하는 결과를 얻지 못할 수 있다. c)처럼 하면 상대방이 웃으면서 당신에게 자신은 평생 일본어만 말했으며 젓가락을 쓰면서 자랐다고 설명할 것이다. d)처럼 하고 싶은 유혹이 들기도 하겠지만 눈을 굴리다가 걸리면 민망해질 것이고 칭찬에 대꾸하지 않는 것은 무례하다고 여겨진다.

◎ CASE 5

연말이 되어 당신의 회사는 망년회를 준비하고 있다. 담당자는 장소를 예약하고 많은 사람이 시간을 맞출 수 있는 날짜를 조율하는 등 어려운 일을 거의 도맡아 한다. 당신은 채식주의자 남자인데 담당자가 "남자는 여자보다 많이 먹고 마시기 때문에 돈을 더 낸다."고 말한다. 이럴 때 어떻게 하겠는가?

A. 주최자에게 당신은 채식주의자이며 대부분의 여성보다 오히려 덜 먹을 테니 돈을 덜 내야 한다고 주장한다.

B. 문제를 피하고 돈을 아끼기 위해 망년회에 가지 않을 구실을 만든다. 어차피 그곳에서 음식 대부분을 먹지 못할 것이다.

C. 정상적인 '남성 가격'을 지불하되 주최자에게 당신이 채식주의자라서 음식을 많이 먹지 못할 것이라는 점을 상기시킨다. 본전을 뽑기 위해 대신 술을 양껏 마신다.

조언 일본에서 채식주의자로 산다는 것은, 특히 큰 집단에 소속되어 있다면 상당히 힘들 수 있다. 이상적으로는 담당자가 음식에 대한 알레르기나 금기가 있는 사람이 있는지 확인해서 필요한 조치를 취하면 좋을 것이다. 그러나 일본에는 채식주의자가 많지 않으며(일본인이 자신을 채식주의자라고 말할 때 그것은 사실 육류는 먹지 않지만 생선은 먹는 부분채식주의자임을 뜻한다) 이 문제는 종종 간과되곤 한다.

이때 최선의 행동 방침은 c)가 될 것이다. 정상적인 '남성 가격'을 지불하면서 담당자에게 당신이 채식주의자임을 일깨우는 것이다. 어떤 여성은 남성보다 더 많이 먹고 마시는데 당신이 돈을 더 지불해야 하는 것이 부당하게 느껴질 수 있지만, 당신이 얼마를 내야 하는지를 놓고 논의하다 보면 계산이 너무 복잡해지고 번거로운 상황이 생길 수 있다. 일본 사람들은 이럴 때 그냥 흐름을 따른다. 따지고 보면 그래봐야 1년에 겨우 한 번이지 않은가? 차라리 술이나 양껏 마셔야겠다고 선택하는 것은 당신의 자유지만 너무 취해서 나중에 민망할 일이 생기지 않도록 조심하시라.

a)는 문제를 너무 크게 만들고 당신과 담당자 사이가 불편해질 수 있다. 담당자가 당신이 돈을 덜 내야 한다는 주장을 받아들여 '여성 요금'을 내도록 해준다면 결국 그 차액은 담당자 주머니에서 나올 확률이 높다. b)처럼 아예 참석하지 않는 것이 가장 쉬운 방법이긴 하지만 그럴 경우 사내에서 유대를 다지고 동료 및 상사들과 다른 환경에서 만날 수 있는 기회를 놓치게 된다.

해야 할 것과 하지 말아야 할 것

DO'S AND DON'TS

Do »»

- 신을 벗어야 할 상황에 대비해 양말을 신거나 챙겨서 다닌다. 일본에서는 가정집이나 학교, 일부 음식점에 들어갈 때 신을 벗어야 하는 경우가 많다.
- 대중온천에서 탕에 들어가기 전에는 먼저 샤워를 하고 몸을 깨끗이 씻는다.
- 직장이나 학교에서 사람들을 보면 인사를 한다. 아침에는 "오하요 고자이마스", 오후에는 "곤니찌와"라고 인사한다.
- 휴가를 가서 동료나 학교 친구를 위한 작은 기념품을 사온다. 소속 집단과 좋은 관계를 유지하는 데 도움이 된다. 큰 가방에 모두가 함께 즐길 수 있는 먹을 것을 담아 와도 되고 개별 포장된 품목이면 더 좋다.
- 어디서나 줄을 서고, 새치기하지 않는다.
- 일본에서는 개방된 마음을 가지려 노력한다. 자신의 나라와 다르다고 그것이 열등함을 뜻하는 것은 아니다. 21세기에 너무 비논리적이거나 후진적으로 보인다 해도 거기에는 문화적이거나 역사적인 이유가 있을 수 있다.

Don't »»

- 신발을 신은 채 집에 들어가지 않는다. 신을 신고 다다미를 밟는 것은 금지되어 있으니 신을 벗는다(양말은 계속 신는다).
- 집에서 음악을 듣거나 TV를 볼 때 볼륨을 너무 높이지 않는다. 일본 집들은 벽이 얇아서 방음이 잘되지 않기 때문에 그렇게 하는 것이 이웃에 대한 예의다. 악기를 연주하는 것은 더 최악이다. 굳이 연주를 해야겠다면 헤드폰을 쓰

고 연주하는 전자 악기를 선택한다.

- 음식을 먹을 때 젓가락을 밥그릇에 꽂거나 다른 사람이 젓가락으로 주는 음식을 젓가락으로 받지 않는다(둘 다 장례식에서나 하는 행동이다).

- 사업상의 모임이건 사적인 모임이건 약속 시간에 늦지 않는다. 일본인 대부분은 시간을 엄수하며, 당신의 상대는 약속 시간보다 조금 일찍 도착했을 가능성이 크다.

- 일본에서는 쓰레기를 철저히 분리수거한다. 쓰레기를 분리 배출하지 않아서 누군가 그 일을 대신하게 만드는 민폐를 끼치지 말자.

- 지극히 단순한 업무를 하기 위해 직면해야 하는 관료적 절차가 엄청나게 많아도 화내지 않는다.

응급 전화

- 앰뷸런스 119
- 소방서 119
- 경찰 110

휴대전화로 시내전화를 할 때는 지역번호와 도시번호를 입력해야 하지만 같은 도시 내에서 일반전화로 걸 때는 끝번호 네 자리만 입력하면 된다. 국제전화를 하려면 항상 국가번호를 입력한 뒤 지역번호와 전화번호를 입력해야 한다. 휴대전화를 이용하면 무료 번호라도 요금이 붙는다는 것에 유의한다.

인터넷 접속

전부는 아니지만 많은 도쿄 지하철역에서 무료 와이파이를 제공하며, 동일본 여객철도의 와이파이 서비스를 이용하려면 사전등록을 해야 한다. 스타벅스와 맥도널드 같은 레스토랑 체인점에서도 무료 와이파이를 제공하니 필요한 인증을 하면 인터넷 검색을 시작할 수 있다. 그밖에 무료 와이파이를 제공하는 장소로는 공항과 사업체 및 음식점 등이 있다.
데스크톱을 선호하는 사람은 '망가킷사(만화 카페)' 또는 인터넷 카페에 가는 것도 좋다. 이런 곳에서는 컴퓨터 부스를 이용할 수 있으며 많은 카페가 24시간 영업을 하기 때문에 밤 시간을 보내기에도 좋다.

대사관

외국 대사관 목록은 일본 외무성 웹사이트(www.mofa.go.jp/about/emb_cons/protocol)에서 찾을 수 있다.

학교

- 일본 미국 학교(www.asij.ac.jp)
- 도쿄 국제 학교(http://tokyois.com)
- 도쿄의 영국 학교(www.bst.ac.jp)
- 도쿄의 캐나다 국제 학교(www.cisjapan.net/)
- 후쿠오카 국제 학교(http://fis.ed.jp)
- 교토 국제 학교(www.kyotointernationalschool.org)
- 나고야 국제 학교(www.nisjapan.net)
- 오키나와 국제 아미쿠스 학교(www.amicus.ed.jp/en)
- 오사카의 센리 국제 학교(www.senri.ed.jp)
- 요코하마 국제 학교(www.yis.ac.jp)

종교 기관

대부분의 대도시에서 이슬람 사원과 교회를 찾을 수 있다. '도쿄 자미'는 일본에 있는 가장 큰 이슬람 사원이며 '오사카 마스지드'는 오사카 시에 있다.

- 일본 이슬람 사원 목록(www.masjid.jp)
- 일본에 있는 로마 가톨릭 성당 목록(www.jcarm.com/jpn/directory)

서점

영문 서적을 판매하는 오프라인 서점은 줄어들고 있다. 아마존이나 북디파지토리에서 온라인으로 주문 후 배달을 받거나 전자 서적을 사는 편이 나을 것이다.

신문

전국 신문 몇 종과 지역 기반 신문을 지역 서점과 전국 편의점에서 구할 수 있다. 영자 신문은 재팬 타임스와 아사히신문 등이 있다.

여행 정보

- 일본관광청 (www.jnto.jp/eng)
- 재팬 가이드 (전국의 관광 명소에 관한 포괄적 정보를 담은 웹사이트. www.japan-guide.com)
- 재팬 레일 패스 (7일, 14일, 또는 21일 동안 일본 철도 노선을 무제한 이용할 수 있다. www.japanrailpass.net//kr)

기타 유용한 웹사이트

- 외국인들을 위한 법률 상담 (www.lccf.info/us)
- 도쿄 영어 생명의 전화 (일본에 사는 외국인을 위한 지원 및 상담 직통 전화. http://telljp.com)
- 비자 정보 (www.mofa.go.jp/j_info/visit/visa)
- 새로운 주민 카드에 관한 상세한 정보 (www.immi-moj.go.jp/newimmiact_1/ko)
- 마이넘버 카드와 서류에 관한 상세한 정보 (www.kojinbango-card.go.jp/ko)

세계를 읽다
일본

초판 1쇄 발행 2018년 4월 15일

지은이 라이나 옹
옮긴이 정해영
펴낸이 박희선
디자인 디자인 잔
사진 Shutterstock

발행처 도서출판 가지
등록번호 제25100-2013-000094호
주소 서울 서대문구 거북골로 154, 103-1001
전화 070-8959-1513
팩스 070-4332-1513
전자우편 kindsbook@naver.com

ISBN 979-11-86440-22-3 (04900)
979-11-952016-5-5 (세트)

이 도서의 국립중앙도서관 출판예정도서목록(CIP)은 서지정보유통지원시스템 홈페이지(http://seoji.nl.go.kr)와 국가자료공동목록시스템(http://www.nl.go.kr/kolisnet)에서 이용하실 수 있습니다.(CIP제어번호: CIP2018009788)